Fotografía

D E   V I A J E

D1042460

LA GUÍA PARA CONSEGUIR LAS MEJORES IMÁGENES

Richard I'Anson

geoPlaneta

OFICINAS DE GEOPLANETA Y LONELY PLANET

geoPlaneta
Av. Diagonal 662-663, 6º. 08034 Barcelona
fax 93 496 70 11
www.geoplaneta.com
viajeros@lonelyplanet.es

Lonely Planet Publications
Oficina central
Locked Bag 1, Footscray, VIC 3011 Australia
☎ 03 8379 8000, fax 03 8379 8111
talk2us@lonelyplanet.com.au

Fotografía de viaje: la guía para conseguir las mejores imágenes
1ª edición en español - abril de 2005
Traducción de *Travel Photography: A Guide to Taking Better Pictures*, 2ª edición - octubre 2004

Dirección editorial: Olga Vilanova
Coordinación editorial: Núria Cabrero
Edición: Pau Quesada
Traducción: Jorge Rizzo, Roser Soms
Realización: Àrea Preimpressió, Cristian Sánchez

Editorial Planeta, S.A.
Av. Diagonal 662-664. 08034 Barcelona (España)
Con la autorización para la edición en español de Lonely Planet Publications Pty Ltd A.B.N. 36 005
607 983, Locked Bag 1, Footscray, Melbourne, VIC 3011, Australia

Fotografía de cubiertas: Jóvenes novicios en el Tongsa Dzong, uno de los monasterios más
importantes de Bután y la mayor fortaleza del país

ISBN 84-08-05631-X
Depósito legal: B. 8.486-2005

 Las fotografías de este libro están disponibles con licencia de Lonely Planet
Images: www.lonelyplanetimages.com.

Impresión: Gayban Gràfic, S.L.
Encuadernación: Roma, S.L.
Printed in Spain – Impreso en España

SUMARIO

El autor	5
Este libro	6
Prólogo	8
Introducción	10
Breve historia de la fotografía de viaje	13

PRIMERA PARTE: MATERIAL 17

Equipo	**19**
Cámaras convencionales	19
Tipos de cámaras	22
Objetivos para cámaras réflex SLR	24
Filtros	28
Trípodes	32
Motores	34
Fotómetros de mano	34
Flashes	34
Guía de compra	36
Accesorios	**39**
Equipo para el transporte	39
Equipo de limpieza	40
Baterías	40
Disparador remoto	40
Parasol y visor	40
Película	**43**
¿Papel o diapositivas?	43
¿Película profesional o de aficionado?	46
Sensibilidad	47
Forzados	50
Extracción de la película a medio carrete	51
Rayos X	52
¿Cuántos carretes llevar?	53
Fotografía digital	**55**
¿Digital o convencional?	55
Toma digital	58
Características de la cámara	68
Controles de la cámara	72
Antes de comprar	75
Objetivos para cámaras digitales	80

Transferencia de imágenes	81
Transferencia de imágenes durante el viaje	83
Protección de las imágenes	84
Impresión de imágenes digitales	84

SEGUNDA PARTE: TÉCNICA 87

Exposición	**89**
Velocidad de obturación	89
Apertura del diafragma	89
Medición de la luz	89
Modos de exposición	91
Cómo determinar la exposición	92
Combinaciones velocidad/apertura	94
Profundidad de campo	95
Vibración de la cámara	96
Hacer horquilla	97
Uso de cámaras compactas	98
Composición	**101**
Regla de los tercios	101
Encuadre	102
Punto de vista	103
Selección del contenido	104
Orientación de la cámara	104
Enfoque	105
Selección del objetivo	106
Luz	**109**
Luz natural	110
Luz de flash	114
Luz incandescente	118

TERCERA PARTE: PREPARACIÓN 121

Antes de partir	**123**
Búsqueda de información	123
Viajar acompañado	124
Paciencia	125
Preparación del equipo	126
Seguro de viaje	127
A tener en cuenta	**129**
En la aduana	129
En el destino	130
Rutina y hábitos	132
Cuidado de la cámara	133

Protección ante el tiempo	134		Salida y puesta de sol	215
Seguridad	138		Resplandor	216
Revelado de la película	139		Siluetas	217
Envío de la película	139		Temas en movimiento	**219**
CUARTA PARTE: EN RUTA	**141**		Congelar la imagen	220
Gente	143		Barrido e imagen movida	222
Comunicación	144		Fuegos artificiales e iluminación	224
Qué pagar para fotografiar	144		Vida salvaje	**227**
Retratos	146		De safari	228
Retratos contextualizados	150		En las Galápagos	230
Grupos	152		En el zoo	232
Niños	154		Aves	234
Compañeros de viaje	156		Desde el aire	**237**
Paisajes	159		Vuelos comerciales	237
Montañas	160		Avionetas y helicópteros	238
Paisajes nevados	162		Globos aerostáticos	239
Desiertos	164			
La costa	166		**QUINTA PARTE: DE VUELTA A CASA**	**241**
Selvas	168		**Evaluación de las fotografías**	**243**
Fotografía submarina	170		Diapositivas	243
Ríos y cascadas	172		Copias en papel	244
Lagos y reflejos	174		Imágenes digitales	244
Arco iris	176		Selección de las fotografías	244
Flores	178		Documentación y clasificación	245
Personas en el paisaje	180		Archivado	245
Ciudades	**183**		Impresión de gran formato	247
Paisajes urbanos	184		Pases de diapositivas	248
Edificios	186		Venta de fotografías	248
Lugares emblemáticos	188		Contratos de derechos	250
Lugares sagrados	190		**Glosario**	**252**
Interiores	192		**Lecturas recomendadas**	**256**
Vida en la calle	194		**Webs de interés**	**257**
Al caer la noche	196		Equipo, películas y *software*	257
Fiestas y celebraciones	**199**		Fotografía: revistas y recursos	257
Festivales	200		Viaje	257
Desfiles y procesiones	202		**Índice**	**258**
Actuaciones	204			
Mercados	**207**			
Alimentarios	210			
Artesanales	212			

EL AUTOR

Richard l'Anson tiene su estudio en Melbourne y se dedica a la fotografía de viaje y de paisajes. Viaja periódicamente por Australia y otros países, fotografiando a personas y lugares para clientes, editoriales o su archivo.

Los padres le regalaron su primera cámara a los 16 años, y desde entonces no ha dejado de fotografiar. Después de estudiar fotografía, cine y televisión durante dos años en el Rusden State College, trabajó en una tienda de fotografía y un laboratorio hasta que se hizo *freelance* en 1982. Su obra se ha publicado en libros, revistas, folletos y calendarios y ha sido objeto de exposiciones individuales y colectivas. l'Anson también realiza ediciones limitadas para uso empresarial y personal. En 1998 publicó su primer libro, *Chasing Rickshaws,* en colaboración con Tony Wheeler, fundador de Lonely Planet. En 2004 publicó *Rice Trails: A Journey through the Ricelands of Asia and Australia,* otra colaboración con Wheeler.

Para hacerse un lugar en un mundo tan restringido como el de la fotografía, el autor viajó entre 1986 y 1990 por Asia. Ha obtenido varios premios del Australian Institute of Professional Photography y en 1996 consiguió el reconocimiento como Maestro de Fotografía.

Lonely Planet publica imágenes de l'Anson desde hace catorce años y su obra ha aparecido en más de trescientas ediciones de títulos de Lonely Planet. También ha colaborado en la creación de la fototeca Lonely Planet Images. Gran parte de su obra se puede ver en www.lonelyplanetimages.com y www.richardianson.com.

Del autor

Es para mí un enorme privilegio ver el mundo a través de los ojos de un fotógrafo. Me encanta fotografiar y viajar. Puedo pasarme horas hablando de ambas cosas, pero reflejar en el papel lo que he hecho instintivamente durante veinte años fue un verdadero desafío. Recuerdo que el dolor de cervicales tras las horas pasadas ante el teclado era aún mayor que el de hombros al que estoy acostumbrado al cargar con el material fotográfico. Pero cuando acabé me sentí bien, preparado para volver a enfocar al infinito.

Este libro presentaba el desafío de la fotografía digital. Yo sigo fiel a la película, pero he viajado con varias cámaras digitales los últimos cuatro años para probarlas y mantenerme al día ante la rápida evolución de las nuevas tecnologías.

Durante mi trayectoria me han ayudado muchas personas. Debo dar gracias a mis clientes, en particular a Nick Kostos y Sue Badyari de World Expeditions, que confían en mí y dejan que desaparezca durante semanas para volver luego con las imágenes que necesitan. Gracias también a Eddie Schreiber y Neil Davenport de Schreiber Photographics, Wade Hatton de Olympus y Peter Cocklin de Kodak Australia por su apoyo y ánimos durante años. Para el capítulo de fotografía digital he recibido la valiosísima ayuda de Penny Leith de Kodak Australia y Rick Slowgrove y Scott Jackson de Canon Australia. Rik Evans de Camera Action Camera House de Melbourne me dedicó su tiempo generosamente para responder una gran cantidad de preguntas sobre todos los aspectos relacionados con la fotografía digital. Gracias también a Margaret Brown, editora técnica de la revista *PhotoReview Australia,* por ayudarme en los últimos retoques del capítulo sobre fotografía digital.

Dentro de Lonely Planet, Roz Hopkins, Janet Austin, Brendan Dempsey, Jane Pennells, Karina Dea, Bridget Blair, Martine Lleonart y Tony Wheeler han contribuido significativamente en mi lucha por pasar de fotógrafo a escritor.

Gracias al equipo de Lonely Planet Images por compartir la experiencia de la creación de este libro. Un especial agradecimiento a Ryan Evans y Gerard Walker por su gran labor en la preimpresión, para que las imágenes quedaran perfectas.

En casa, como siempre, debo dar las gracias a Iris, Alice y Sarah, de quienes aprecio especialmente su generoso apoyo, interés y comprensión.

ESTE LIBRO

Ésta es la traducción al español de la segunda edición de *Travel Photography: A Guide to Taking Better Pictures*. Gracias a Margaret Brown, de la revista *PhotoReview Australia*, por revisar la información técnica sobre la fotografía digital.

Versión en español

GeoPlaneta, que posee los derechos de traducción y distribución de las guías Lonely Planet en los países de habla hispana, ha adaptado para sus lectores los contenidos de este libro.

Lonely Planet y GeoPlaneta quieren ofrecer al viajero independiente una selección de títulos en español; esta colaboración incluye, además, la distribución en España de los libros de Lonely Planet en inglés, francés e italiano, así como un sitio web, www.lonelyplanet.es, donde el lector encontrará amplia información de viajes y las opiniones de los viajeros.

Gracias a Pepe Baeza por su siempre inestimable ayuda y su apoyo.

Cómo utilizar este libro

La intención de esta obra es aumentar el porcentaje de buenas fotografías en los viajes. No está pensada para convertir al viajero en un fotógrafo profesional, sino que pretende aportar la información necesaria para sacar el máximo partido a las ocasiones que se presenten.

Este libro cubre una gama de equipo fotográfico convencional y digital que va desde las cámaras compactas y automáticas a las más modernas réflex SLR. Hay que tener en cuenta que los precios se facilitan siempre en euros.

Aunque este libro trata de fotografía de viaje, muchas de las ideas y técnicas son aplicables a la fotografía en general. También podría decirse que toda imagen más allá del estudio es fotografía de viaje. El patio trasero de uno se convierte en un destino de ensueño de otro. Gran parte de lo que aquí se trata se puede poner en práctica la próxima vez que se haga una foto de familia, de las mascotas o cuando se salga de excursión. De hecho, es imprescindible estudiar las fotografías resultantes y volver después para tomar más. De los propios éxitos y fracasos se aprende mucho y la recompensa será mejores fotografías en el próximo viaje.

El equipo del autor

Mi forma de tomar fotografías de viaje ha evolucionado con los años y está en constante revisión. Intento capturar la realidad de un lugar (tal como la veo) a través de imágenes individuales, que se complementan para crear una visión completa de un destino o tema, de modo que los espectadores perciban qué se siente estando allí. Mi propia interpretación, mi estilo, se expresan a través de la elección del tipo de cámara, objetivos, tipo y sensibilidad de la película, exposición, lo que fotografío, mi punto de vista, la composición, la luz con la que trabajo y, por último, las imágenes que decido mostrar.

Mi equipo cambió poco durante mis primeros quince años de profesión. Muchas de las imágenes de este libro las he tomado con las cámaras SLR Olympus OM4Ti de 35 mm y los objetivos fijos Zuiko. No obstante, cambié cuando Olympus anunció que iba a dejar de fabricar ese material. Hacía tiempo que sentía que me estaba perdiendo algún avance tecnológico que podía mejorar mis fotografías, como los objetivos de enfoque automático y estabilizadores de imagen, o los sistemas avanzados de medición. Además, me había convencido por fin de que un par de zooms de calidad me harían la vida más fácil que llevar cinco objetivos fijos. Prefiero usar la luz de la que dispongo (natural o incandescente), por tenue que sea. Siempre utilizo películas de grano fino.

En Australia, donde vivo, fotografío paisajes naturales y urbanos con:

- ▶ una cámara telemétrica Mamiya 7ii de 6 x 7 cm (siempre sobre trípode)
- ▶ objetivos f4,5 de 50 mm y 150 mm
- ▶ un trípode Gitzo G1228 de fibra de carbono con rótula Fobar Superball
- ▶ un macuto blando Lowe Pro con capacidad para el material.

Cuando viajo, mi equipo habitual se compone de:

- ▶ dos cuerpos de cámara Canon EOS 1v SLR, uno con Power Drive Booster E1
- ▶ dos zooms Canon EF f2,8 L USM, uno de 24-70 mm y otro de 70-200 mm con estabilizador de imagen
- ▶ un objetivo Canon f2,8 L USM de 300 mm
- ▶ un teleconvertidor Canon 1,4x
- ▶ una cámara panorámica Hasselblad X-Pan de 35 mm con objetivo f4 de 45 mm (la utilizo poco, pero es una cámara de apoyo excelente y fácil de llevar cuando no hace falta el amplio equipo de 35 mm)
- ▶ un trípode Gitzo G1228 de fibra de carbono con rótula Fobar Superball (los paisajes los fotografío con trípode; el resto, a pulso)
- ▶ un flash Canon 420EX
- ▶ una bolsa de hombro Lowe Pro Street and Field Reporter 400 AW blanda, donde cabe todo excepto el trípode y el objetivo de 300 mm
- ▶ una mochila Lowe Pro Street and Field Rover Light para llevar mejor el trípode cuando voy de *trekking*.

Sólo utilizo filtros polarizadores circulares. En general, cuento con la película Kodak Ektachrome E100VS. Cuando preciso de más sensibilidad uso Kodak Ektachrome E200 forzada a 800 ISO. También he sustituido mi cámara compacta convencional para tomar fotos de familia y amigos por una cámara compacta digital Kodak DX6440 de 4 MP.

Las imágenes digitales de este libro se tomaron con una cámara compacta estándar Kodak DX6440 de 4 MP, una cámara compacta avanzada Kodak DX6490 de 4 MP y una cámara profesional SLR Canon EOS 10D de 6,3 MP.

Pies de foto

Las fotografías y pies de foto de este libro pretenden ayudar a tomar fotografías en diferentes circunstancias. Incluyen la siguiente información:

- ▶ cámara, objetivo y película o tamaño del archivo (no obstante, algunas películas indicadas ya no existen o atienden a otras denominaciones según el país)
- ▶ velocidad de obturación y apertura
- ▶ trípode, filtros y flash, si se han utilizado.

PRÓLOGO

Hubo una época en que las fotografías de Lonely Planet las hacía yo.

Pero en aquel entonces, otro editor dijo: "Las imágenes de las guías Lonely Planet parece que las haya realizado el propio autor con la cámara instantánea de su madre."

Las cosas han cambiado. Hoy en día la calidad fotográfica de nuestros libros es tan alta que me siento halagado cuando una de mis fotos tiene la calidad suficiente como para aparecer en una guía o, como aún me ocurre a veces, ser portada. Eso no me convierte en uno de los fotógrafos estrella de Lonely Planet –no voy a dejar mi trabajo actual– pero cuando el sol brilla del modo adecuado, el sujeto coopera y no me he olvidado de poner el carrete, puedo obtener resultados bastante buenos. La suerte siempre tiene un papel mayor que para cualquiera de nuestros ases de la cámara.

Viajar con Richard I'Anson para trabajar en nuestros proyectos –Chasing Rickshaws y Rice Trails combinaban las imágenes de Richard con textos míos– sin duda me ha enseñado mucho sobre fotografía de viaje, aunque cuando Richard está cerca tomo muchas menos fotografías. O pienso: "Lo que estoy haciendo es redundante, Richard ya lo habrá sacado" o "Es una idea estúpida, ¿pensará Richard que estoy encuadrando mal, que es una tontería, o que tengo la luz en el peor lugar?"

A veces trabajar con Richard me confirma que los clichés sobre el fotógrafo de viaje son ciertos. "La mejor luz es la del amanecer", dicen una y otra vez. Evidentemente no es un tópico recurrente, porque en los viajes con Richard me he levantado antes del alba más veces de las que querría, bostezando mientras amanecía. También me ha alegrado encontrar a alguien que se mueve tan rápido como yo: Richard siempre parece correr para no perderse la oportunidad de hacer una foto, y aunque vaya escorado hacia un lado por el peso del equipo que le cuelga del hombro, nunca pierde velocidad.

Por muy bueno que sea el equipo y por mucha práctica que se tenga, las mejores imágenes pueden tener mucho que ver con la suerte. O con la perseverancia. Nuestras visitas a Nepal nos han recordado la importancia de la diosa fortuna, pero también lo importante que es insistir tozudamente en busca de la foto perfecta. En un viaje nuestra búsqueda de terrazas de arrozales con montañas nevadas de fondo se veía saboteada día tras día por la lluvia incesante (aunque tenía que ser la estación seca posmonzónica). Por fin, el sol salió poco antes de irnos. Cambiamos el rumbo del taxi que nos llevaba al aeropuerto y le pedimos que fuera al borde del valle de Katmandu, donde subimos corriendo una montaña para encontrar, al otro lado, la imagen perfecta: campos de arroz en plena cosecha, pintorescas casas en primer plano y las altísimas cumbres del Himalaya al fondo… y un río que nos separaba de la fotografía. Nos quitamos los zapatos, nos arremangamos los pantalones, vadeamos el río, tomamos las instantáneas, interrogamos a los granjeros y aún conseguimos llegar al aeropuerto a tiempo para tomar nuestro vuelo; algo mojados, un poco llenos de barro, pero con las imágenes que buscábamos.

En otra visita a Nepal me arrastré como pude hasta la cima del Kala Pattar, lugar de observación del Everest que en realidad tiene vistas al campamento base. Richard ya estaba allí, apoyado contra una roca, resistiendo ante un viento con fuerza suficiente para arrancarte el Gore-Tex de la espalda y la cámara de las manos. Enseguida decidí volverme a la tienda y dejar que Richard esperara para captar la puesta de sol perfecta de la montaña más alta del mundo. La perseverancia ganó la partida: consiguió la foto.

En una reciente expedición fotográfica con Richard, nuestra excursión de tres semanas hasta el campamento base del Everest nos introdujo en una nueva dimensión de la fotografía de viaje: el paso al mundo digital. Richard no ha dado ese paso completamente –aunque apuesto a que hará el cambio antes de lo que piensa– pero, igual que muchos fotógrafos serios, tiene un pie en cada campo. En nuestra excursión al Everest su disposición al cambio se hizo más evidente de lo habitual, puesto que la bolsa contenía también una cámara digital.

La importancia cada vez mayor de la fotografía digital y los numerosos, interesantes y emocionantes desafíos que plantea a la fotografía de viaje tienen un papel clave en este libro. No obstante, el equipo y la experiencia son sólo parte de la historia. Es el viaje el que nos lleva allí y nos pone ante nuestra cámara esas imágenes sorprendentes, sean de personas, de lugares, de naturaleza o de paisajes.

TONY WHEELER

FUNDADOR DE LONELY PLANET

INTRODUCCIÓN

La idea de este libro nació en un autobús en Nepal. Iba camino de Dhunche, punto de partida del *trekking* de Langtang. Al oír que era fotógrafo, una de las tres personas que viajaban apretadas en el asiento de dos plazas que tenía delante me preguntó si podía arreglarle la cámara. Sentí la desesperación de su voz: había hecho un largo viaje y pensaba que no podría guardar ningún recuerdo. Yo no soy técnico de cámaras, pero sé que se puede alargar la vida de las pilas si se limpian bien. Me encontré limpiando muchas más pilas y respondiendo un montón de preguntas sobre las fotografías que tomaba en mis viajes, de modo que decidí que cuando llegara a casa intentaría transmitir la experiencia que he adquirido.

La mayoría de la gente vuelve de sus vacaciones con una o dos fotografías que consideran mejores que la media, incluso buenas, pero no tienen ni idea de cómo lo han conseguido. Las cámaras automáticas modernas han eliminado la necesidad de entender qué pasa cuando se aprieta el obturador, con lo cual los procesos y las variables de la creación de una buena imagen son un misterio y no se pueden repetir.

Los fabricantes repiten que todo lo que hay que hacer para conseguir unas imágenes impresionantes y profesionales (una vez comprada su cámara) es apuntar a alguna parte. En consecuencia, cuando las fotos no salen bien se culpabiliza a la cámara, o la alabamos si salen bien. Las fotografías no las toman las cámaras, sino las personas.

Comprender los factores implicados en la creación de buenas fotografías supone que se puedan repetir y controlar el proceso. Cada decisión que se toma, incluida la elección del sistema convencional o digital, la cámara, el objetivo y la película, la combinación de la sensibilidad, la velocidad y la apertura, el uso o no del trípode, el punto de vista o la hora del día, son decisiones creativas.

Desde luego, resulta más sencillo dejar que la cámara tome esas decisiones por nosotros. No obstante, si se quiere elevar las imágenes de simple recuerdo a un nivel superior de calidad e individualidad es necesario controlar todos los elementos que participan en la creación fotográfica.

Cualquiera que sea el enfoque que se dé a la fotografía de viaje, hay que estar preparado para los más diversos temas, entre ellos personas, paisajes, ciudades, mercados, festivales y naturaleza. Algunos se especializan en uno o dos, pero los fotógrafos de viaje deben sentirse cómodos ante todas las temáticas que se puedan encontrar. Además, el buen fotógrafo de viaje necesita aptitudes contradictorias:

▸ la habilidad de planificar hasta el último detalle pero, a la vez, ser totalmente flexible ante sucesos nuevos y/o imprevistos

▸ caminar durante horas y tener paciencia para esperar el tiempo necesario (a veces días) hasta encontrar la luz ideal, el tema ideal o ambos

▸ relacionarse rápidamente con la gente y sentirse cómodo estando a solas por largo tiempo

▸ por último, una cierta comprensión de los negocios y del mercado: se pueden tener las mejores fotografías del mundo pero nadie las verá a menos que se apliquen ciertas técnicas comerciales.

Hay que saber descubrir todo tipo de imágenes: desde los mínimos detalles hasta las amplias panorámicas, desde retratos cuidadosamente compuestos a instantáneas de acción con gente y animales. El fotógrafo de viaje tiene que sentirse cómodo en un mercado abarrotado y en un desierto vacío, en lo alto de las montañas y en cuevas sin apenas luz. Hay que conseguir imágenes en condiciones tan variadas como la nieve y las heladas, las lluvias torrenciales, los vientos huracanados, un grado extremo de humedad o un sol ardiente de mediodía.

Ruinas del fuerte Hankar, valle del Markha, Ladakh, India

Cada vez que vacilo y me pregunto si vale la pena esperar, recuerdo experiencias pasadas que me ayudan a seguir. Con las primeras luces, tras una breve caminata desde el campamento, me decepcionó ver el horizonte al este cubierto de densas nubes y pensé que me había quedado sin la fotografía planeada. Una hora más tarde, y durante menos de un minuto, las ruinas recibieron la luz que esperaba. La paciencia es un requisito básico para la fotografía de viaje.

▲ Réflex de 35 mm, objetivo 24-70 mm, 1/30 f11, Ektachrome E100VS, trípode, 6.25

▲ Réflex de 35 mm, objetivo 24-70 mm, 1/125 f16, Ektachrome E100VS, trípode, 7.25

El desafío es tomar fotos buenas en condiciones precarias.

La fotografía de viaje también tiene que ver con el equipo, las películas y los píxeles, las exposiciones y la composición, la meteorología y la luz... pero sobre todo se trata de estar ahí y de la respuesta personal ante los lugares y acontecimientos en los que tenemos la suerte de estar presentes.

BREVE HISTORIA DE LA FOTOGRAFÍA DE VIAJE

El nexo entre fotografía y viajes tiene una larga historia. La primera imagen conservada se hizo hacia 1826, cuando Joseph Nicephore Niepce fotografió una escena callejera en Saint Loup de Varennes (Francia). Se podría decir que es la fotografía de viaje más antigua. La foto, tomada a la luz del día, necesitó ocho horas de exposición.

En 1839, en París, Louis-Jacques Mande Daguerre inventó el proceso fotográfico conocido como daguerrotipo. Era complicado y requería mucho equipo y el manejo de productos químicos, pero recibió una rápida acogida. Cada daguerrotipo era único y registraba escenas con todo detalle. También hacía posible que la gente viajara con sus cámaras. Los primeros que dispusieron de cámara fotografiaban lugares próximos: la catedral de Notre Dame, el río Sena y el Pont Neuf; motivos "indispensables" para los turistas de hoy. El atractivo de la fotografía era tan evidente para los viajeros de mediados del s. xix como lo es en la actualidad. El propio Daguerre sugirió que su cámara podía llevarse con facilidad en un viaje. Tenía razón, pero no era tan sencillo. Había que transportar también un pequeño laboratorio.

Hacia la misma época, el inglés William Henry Fox Talbot inventó el calotipo (el primer negativo). Permitía obtener múltiples copias, pero sin el detalle del daguerrotipo. Talbot también imaginó el atractivo de este invento para los viajeros:

> … el viajero que vaya a tierras extrañas y que, como la mayoría, no sepa dibujar, se beneficiará inmensamente del descubrimiento de este material. Lo único que tiene que hacer es situar una serie de pequeñas cámaras en diferentes ubicaciones y dispondrá de una multitud de interesantes impresiones que no tendrá que dibujar ni describir por escrito.

Masters of Early Travel Photography (Maestros de los inicios de la fotografía de viaje), R. Fabian y H. Adam, 1983

En 1851, Frederick Scott Archer inventó la placa de colodión húmedo, que se convirtió en el proceso fotográfico estándar hasta 1880. Reducía los tiempos de exposición a un par de segundos, obtenía el detalle de un daguerrotipo y tenía la capacidad del calotipo para obtener reproducciones. No obstante, no eliminó la pesada carga que debía llevar el fotógrafo en sus viajes. Cada placa de cristal tenía que prepararse in situ y procesarse inmediatamente cuando todavía estaba húmeda. El equipo típico en 1850 incluía una gran cámara, trípode, placas de cristal y soportes, una cámara oscura portátil tipo tienda, productos químicos para proteger, sensibilizar, revelar y fijar las placas, y platos, depósitos y bidones de agua. Aun así, los fotógrafos iban con su equipo por todo el mundo. Hacia 1860 la Gran Muralla, las falucas del Nilo, los templos del Ganges en Benarés, los altos collados del Himalaya o el Gran Cañón ya habían sido fotografiados con todo detalle.

Muchas fotografías tomadas a mediados del s. xix se hicieron durante viajes científicos y de exploración, pero también creaban interés entre el público hacia lugares remotos. Aunque resultaba aparatoso, el proceso del colodión generaba imágenes de calidad que

Velas de manteca en el templo de Swayambhunath, valle de Katmandu, Nepal
◀ Digital compacta de gama alta, objetivo de 6,3-63,2 mm a 21 mm, 1/60 f3,2, 80 ISO, 1.728 x 2.304 4 MP JPEG

El Bayon, Angkor Thom, Camboya
▲ Réflex de 35 mm, objetivo de 100 mm, 1/15 f11, Ektachrome E100VS, trípode

se podían reproducir fácilmente. Con el aumento del turismo, creció la demanda de fotografías de recuerdo y los fotógrafos empezaron a trabajar con fines comerciales. Según Fabian y Adam, la primera postal apareció en el servicio de correos austriaco en 1869. En 1910, Francia imprimió 123 millones de postales y los correos del mundo repartieron unos siete mil millones.

En los primeros años la aparatosidad, el peso y la complicación del proceso fotográfico limitó la obtención de imágenes a unas pocas personas que eran a la vez aventureros, científicos, técnicos fotográficos y artistas. Pero hacia finales del s. xix los turistas ya podían tomar sus propias fotografías. En 1888, George Eastman, fundador de Kodak, inventó una cámara que utilizaba un carrete de película. Lanzó la primera cámara automática con el famoso eslogan: "Usted apriete el botón, nosotros hacemos el resto." La cámara incluía una película de 100 exposiciones y un diario para llevar la cuenta. Cuando se acababa, había que devolver la cámara a la fábrica y ésta la retornaba con las copias y un carrete nuevo. El primer año Eastman vendió 13.000 cámaras, que se hicieron inmediatamente populares entre los turistas; uno de ellos declaró:

Para un viajero como yo el mejor regalo del mundo es poder llevarse a casa, con una inversión tan mínima de tiempo y dinero, una colección fotográfica completa de sus viajes.

The Birth of Photography: The Story of the Formative Years 1800-1900
(El nacimiento de la fotografía: los años de formación 1800-1900),
B. Coe, 1977

Llegaron nuevas mejoras, como la cámara Kodak Brownie en 1900, que llevó la fotografía a millones de personas en todo el mundo. La fotografía se había convertido en un medio de masas y los turistas viajaban con cámaras pequeñas y de fácil manejo. Había quien decía, a principios del s. xx, que ya no quedaba nada que fotografiar en el mundo.

Por supuesto, hace cien años quedaban cosas por fotografiar, y aún en la actualidad. Es cierto que no hay muchos lugares que no hayan sido fotografiados y todo el mundo sabe qué aspecto tienen los destinos más famosos aunque no se haya estado allí. El contenido de las instantáneas de cada uno raramente sorprende a una sociedad entendida en viajes como la actual, pero cada año se publican imágenes que arrojan nuevas luces sobre motivos conocidos y abren nuevos territorios a nuestra conciencia visual. Pero no hay nada como la emoción de ver lugares por uno mismo y sacar una versión propia de la instantánea clásica.

PRIMERA PARTE:

Antes del viaje hay que sopesar muchos aspectos que influirán en las fotografías que se tomen y en lo que se disfrute al hacerlas. La elección de la cámara, los objetivos y la película es lo esencial, pero hay otros componentes del equipo y accesorios que contribuyen a que el viajero regrese con las fotos que quería.

MATERIAL

Fotografía aérea de los Alpes del Sur, Isla del Sur, Nueva Zelanda
◀ Réflex de 35 mm objetivo 50 mm, 1/250 f5,6, Ektachrome E100VS

EQUIPO

No es fácil decidir qué equipo llevar, pues existen infinidad de cámaras, objetivos y accesorios. Esta enorme diversidad se puede limitar si se identifica qué se pretende, el tipo de fotografías que se desea hacer y cómo se piensan presentar. Si sólo se busca un recuerdo del viaje para poner en un álbum, bastará con una cámara convencional o digital compacta totalmente automática. Pero si se aspira a hacer grandes ampliaciones merece la pena invertir en objetivos. En cambio, si se va de *trekking* a Nepal y se desea captar los primeros rayos de sol sobre las cumbres nevadas del Himalaya, se necesitará un trípode.

Hasta que se ha viajado bastante y se pueden anticipar las necesidades, se deberá escoger el equipo teniendo en cuenta lo que se cree necesitar, el presupuesto y el peso. Se trata de encontrar un equilibrio. Es esencial que el equipo sea simple, de fácil acceso y manejable. Si pesa, no se disfrutará haciendo fotos. Tampoco hace falta gastarse un dineral; basta con saber sacar el mejor partido del equipo que se tiene.

CÁMARAS CONVENCIONALES

Existe una asombrosa variedad de cámaras en diferentes formatos, tipos y precios, y regularmente salen nuevos modelos. Por ello conviene consultar una guía de compra de alguna revista o Internet para tener una visión general de lo que hay a la venta en el momento. (Véase información para comprar una cámara convencional en p. 36 y una digital en p. 75.) Todos los formatos y tipos de cámara tienen sus ventajas y desventajas, pero la mayoría de los viajeros tienen que escoger una sola para todas sus necesidades. A continuación se resumen los formatos que más pueden interesar.

Formatos

Se basan en el tamaño del fotograma.

APS (Advanced Photo System) Es el formato más pequeño y nuevo, aparecido en 1996. El fotograma mide 17 x 30 mm.

35 mm Es el más extendido y en el que se basa la mayor parte de los equipos. El negativo o la diapositiva es de 24 x 36 mm.

Formato medio Hay varias cámaras de formato medio que utilizan un rollo de película llamado 120. Los formatos más usuales son: 6 x 4,5 cm (también llamado 645), 6 x 6 cm y 6 x 7 cm. Pueden salir de 10 a 15 fotogramas por rollo. Estas cámaras dan un negativo o transparencia bastante mayor que las de 35 mm, detalle importante para las ampliaciones grandes.

Formato panorámico Disponible en 35 mm y en formato medio. El formato de una verdadera imagen panorámica guarda una relación mínima de 1:3 entre sus dimensiones (tres veces más ancha que alta). Dos fotogramas de 35 mm unidos serían como uno panorámico. Una cámara panorámica de formato medio de 6 x 12 cm da seis fotogramas por carrete, y una de 6 x 17 cm, cuatro. Hoy día, muchas cámaras compactas y réflex ofrecen la posibilidad de hacer "panorámicas" , pero la imagen es exactamente la misma que la estándar, sólo que la parte superior e inferior se tapan y recortan para simular una panorámica.

Monje novicio en el festival del Gompa de Lamayuru, Ladakh, India
◄ Réflex de 35 mm, objetivo 70-200 mm, 1/100 f3,5, Ektachrome E100VS, estabilizador de imagen

2

5.

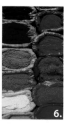

6.

FORMATOS

Las siguientes fotografías ilustran los diferentes formatos de cámara a tamaño real:

1. **Parque Nacional de Mirima, Australia**
   Linhof Technorama de 6 x 17 cm

2. **Cabo Naturaliste, Australia**
   Noblex de 6 x 12 cm

3. **Bumburet, Pakistán**
   Olympus OM4Ti, réflex de 35 mm

4. **Tikse, Ladakh, India**
   Hasselblad X-Pan, panorámico de 35 mm

5. **Sanur, Bali, Indonesia**
   Pentax de 6 x 7 cm

6. **Kathmandu, Nepal**
   Olympus ZOOM 75 APS

7. **Tirta Ganga, Bali, Indonesia**
   Bronica SQ de 6 x 6 cm

8. **Hunter Valley, Australia**
   Bronica ETRs de 6 x 4.5 cm

TIPOS DE CÁMARAS

APS

Aunque son compactas e incorporan la última tecnología, las cámaras APS (Advanced Photo System) han perdido popularidad debido a la proliferación de las digitales compactas.

Una de las principales características es que la información de cada foto se registra en unas bandas magnéticas de la película que informan a la impresora de las condiciones en que se disparó con el fin de eliminar, en teoría, las copias malas. Hay modelos compactos y réflex. Los carretes son de 15, 25 y 40 exposiciones y el negativo de color de 100, 200 o 400 ISO.

VENTAJAS

▸ un 10-15% más pequeñas que los modelos equivalentes de 35 mm
▸ permiten escoger entre tres medidas de fotograma, que se seleccionan en el momento de disparar: clásica (10 x 15 cm), horizontal (10 x 18 cm) y panorámica (10 x 30 cm)
▸ fáciles de usar; casi todos los modelos son automáticos, con flash y zoom incorporados
▸ la película viene en carrete y es fácil de cargar
▸ la película revelada

DESVENTAJAS

▸ por su avanzada tecnología son más caras
▸ la película y el revelado son más caros que los de 35 mm
▸ la película debe revelarse con un equipo especial, a veces no muy extendido en algunos países
▸ la variedad de diapositivas en color y de películas en blanco y negro es limitada
▸ la variedad de modelos réflex es reducida

Compactas de 35 mm

Ideales para hacer fotografías sin complicaciones y para viajar ligero si sólo se quieren copias en color.

VENTAJAS

▸ no necesitan accesorios
▸ fáciles de usar; casi todos los modelos son automáticos, con flash y zoom incorporados
▸ ideal como segunda cámara para el usuario de una réflex
▸ hay modelos para todos los presupuestos
▸ son pequeñas, ligeras y fáciles de llevar en el bolsillo o en una pequeña mochila
▸ hay gran variedad de películas
▸ la visión del sujeto no se ve interrumpida al disparar, porque se mira a través de un visor, no del objetivo

DESVENTAJAS

▸ objetivos de baja calidad en los modelos más económicos
▸ posibilidades limitadas de anular los automatismos
▸ no son adecuadas para las diapositivas en color
▸ el objetivo no se puede cambiar
▸ el encuadre no es muy preciso y es posible fotografiarse los dedos sin darse cuenta, porque la imagen se ve a través de un visor, no del objetivo

Telemétricas de 35 mm

En cuanto a tamaño y características, se sitúan entre las compactas y las réflex, pero son bastante más caras que las primeras. Enfocan mediante un telémetro, que parte o dobla la imagen en el punto de enfoque hasta que éste es correcto. Hay telémetros manuales y automáticos.

VENTAJAS

- admite objetivos intercambiables
- es compacta y robusta
- los objetivos son de buena calidad
- es adecuada para diapositivas en color
- es muy silenciosa
- la visión del sujeto no se ve interrumpida por el obturador, porque se mira a través de un visor, no del objetivo

DESVENTAJAS

- son caras
- a igual precio, tienen menos prestaciones que las réflex
- hay poca variedad de objetivos
- el encuadre no es muy preciso y es posible fotografiarse los dedos sin darse cuenta, porque la imagen se ve a través de un visor, no del objetivo

Réflex SLR de 35 mm

Sin duda, es la cámara ideal para la fotografía de viaje seria, y todavía mejor si permite anular todos los automatismos para controlar la parte técnica. Hay cámaras réflex de un solo objetivo (Single Lens Reflex, SLR) en APS, 35 mm y formato medio.

VENTAJAS

- casi todos los modelos actuales cuentan con sofisticados fotómetros, enfoque automático y flash incorporado, así como muchas otras prestaciones automáticas que las hacen tan fáciles de usar como las compactas
- los objetivos son intercambiables y hay accesorios específicos para cada uso
- las manuales (o automáticas con opción manual) son ideales para comprender los aspectos técnicos y para la fotografía creativa
- hay modelos para todos los presupuestos
- permiten encuadrar con precisión porque el sujeto se ve a través del objetivo
- amplia variedad de películas

DESVENTAJAS

- más pesadas y voluminosas que las compactas
- el precio más bajo de un modelo sencillo es superior al de una compacta
- la visión del sujeto se ve interrumpida por el obturador porque se mira a través del objetivo, no de un visor

OBJETIVOS PARA CÁMARAS RÉFLEX SLR

La posibilidad de intercambiar los objetivos es una buena razón para comprar una réflex, ya que aumenta los recursos creativos y las posibilidades de resolver problemas. No hay que escatimar en la calidad del objetivo. Si el presupuesto es ajustado, es mejor invertirlo en el objetivo. La calidad de la óptica determina la nitidez de la imagen, el color y la luminosidad, que condiciona la forma de disparar bajo diversas condiciones de luz.

Nociones básicas

Todos los objetivos tienen una distancia focal y una apertura máxima específicas que definen el objetivo. La distancia focal es la que media entre el centro del objetivo enfocado al infinito y el plano focal, que es la superficie donde se forma una imagen nítida y por donde pasa la película. Un objetivo estándar, de uso general, tiene una distancia focal aproximadamente igual a la diagonal del negativo. Con la película de 35 mm la diagonal mide 45 mm, por lo que un objetivo de 50 mm se considera estándar para estas cámaras y abarca casi el mismo campo visual que el ojo humano. Los objetivos gran angulares ofrecen un campo visual más amplio y permiten enfocar más de cerca. Los teleobjetivos tienen un campo visual más estrecho y una distancia de enfoque mínima mayor.

La apertura máxima del objetivo se expresa con un número f (véase p. 89). Cuanto mayor sea la apertura máxima más luminoso será el objetivo. Los que tienen aperturas máximas grandes (f1,2, f1,4, f1,8, f2, f2,8) se consideran rápidos. Al contrario, cuanto menor sea la apertura máxima, más lento, ya que es menor su capacidad de captar la luz. Un objetivo con una focal de 100 mm y una apertura máxima de f2 se llama "100 mm f2". Cuanto mayor es la apertura máxima, más grande y pesado es el objetivo (y más caro).

Los objetivos zoom son de focal variable. Un zoom puede tener en un extremo una focal de 28 mm y en el otro, de 90 mm. En su posición más corta (28 mm) este objetivo alcanza su máxima luminosidad a f2,8, pero en su focal más larga (90 mm) pasa a f4,5, por ejemplo. Este objetivo se llamaría "zoom 28-90 mm f2,8-4,5". En los zooms profesionales más caros, la apertura máxima es la misma para todas las focales.

Otra característica de algunos objetivos es el estabilizador de imagen (EI, IS en inglés), tecnología que contrarresta la vibración de la cámara y permite sostener el objetivo a pulso con velocidades

Mujer de Dha, Ladakh, India

Los objetivos con estabilizador de imagen son increíbles. Con la poca luz de primera hora de la mañana, en una zona del pueblo densamente arbolada, la tecnología hizo posible esta foto.

▲ Réflex de 35 mm, objetivo 70-200 mm, 1/60 f2,8, Ektachrome E100VS, estabilizador de imagen

de obturador dos o tres puntos más lentas (véase p. 96). Por ejemplo, con un objetivo de 200 mm con EI se puede disparar a pulso a 1/60 o incluso a 1/30 de segundo, en vez del 1/250 recomendado.

Los objetivos se pueden agrupar por su distancia focal en siete categorías principales: ultra gran angular, gran angular, estándar, teleobjetivo, gran teleobjetivo, zoom y objetivos especiales (macro, descentrable, catadióptrico, ojo de pez, etc.). Cada grupo de objetivos es más adecuado para ciertos temas, aunque en realidad cualquier motivo se puede fotografiar con cualquier objetivo, siempre que sea posible acercarse o alejarse lo suficiente.

Ultra gran angular

Son los de distancia focal 17, 21 y 24 mm. Gracias a su ángulo visual muy abierto son adecuados para paisaje, interiores y espacios cerrados. Los de 17 y 21 mm son demasiado cortos para usarlos habitualmente. A menos que se dominen, es fácil incluir elementos no deseados y los sujetos se ven demasiado pequeños. El de 24 mm produce imágenes con una clara perspectiva de gran angular y se puede usar en numerosas situaciones. Son adecuados para los retratos de ambiente y permiten acercarse al sujeto para dar sensación de participación en la foto incluyendo el entorno.

Gran angular

Los fotógrafos suelen usar gran angulares de 28 y 35 mm como si fueran objetivos estándar. Dan imágenes con una perspectiva natural pero con un ángulo bastante más abierto que el objetivo normal. Las cámaras compactas de focal fija suelen contar con un objetivo de 35 mm, ya que se considera apto para una gran variedad de temas.

Estándar

Los objetivos estándar tienen focales de 50 o 55 mm y su ángulo visual es similar al del ojo humano. Antes de que los zoom fueran lo más habitual, las réflex se solían vender con un objetivo de 50 mm f1,8. El objetivo estándar todavía tiene un lugar importante en el mercado ya que es compacto, ligero y el más luminoso.

Teleobjetivos

Con focales entre 65 y 250 mm, sus características más comunes son que amplían mucho el sujeto y acortan la perspectiva. Los teleobjetivos medios van de 85 a 105 mm y son excelentes para retratos. Ofrecen una perspectiva agradable al rostro y permiten llenar el encuadre con un primer plano sin acercarse demasiado. Los teleobjetivos largos, de 135 a 250 mm, son ideales para destacar rostros entre la multitud y mostrar detalles de edificios y paisajes. Comprimen mucho las distancias y los objetos lejanos parecen más próximos entre sí.

Super teleobjetivos

Con una focal de 300 a 1.000 mm, muestran un escorzo importante y tienen un ángulo visual muy estrecho. Exceptuando el de 300 mm, los super teleobjetivos son para especialistas. Si el peso no es un problema, probablemente lo será el precio. Un 300 mm agranda el sujeto seis veces más que un objetivo estándar; suelen utilizarlos los fotógrafos de fauna y deportes. Para fotografiar aves en serio se necesita al menos un 500 mm.

Zooms

Prácticos y adaptables, ofrecen una ilimitada variedad de focales dentro de los límites de cada objetivo. Están muy extendidos y son ideales para viajar. Un equipo estándar incluiría un 28 mm, un 50 mm y un 135 mm. Pero utilizar un zoom 28-150 mm supone llevar únicamente un objetivo, que además dispone de todas las focales intermedias. Esto permite diversas posibilidades de encuadre desde una misma posición, incluso mantener a un sujeto móvil en el encuadre sin tener que moverse con él y sin que su tamaño varíe, lo que es muy útil en fotografía de acción y de fauna. Muchos zooms también cuentan con una posición macro que permite enfocar de cerca.

Hoy día se encuentran focales extremas, como 28-300 mm y 80-400 mm. Normalmente son objetivos más pesados, más grandes y con distancias mínimas de enfoque mayores que los zooms más moderados. Dos zooms, como 24-90 mm y 70-210 mm, servirán para casi todo. Si se quiere sólo uno y el 28-200 mm no convence, lo mejor será un zoom de gran angular a estándar, como un 35-105 mm o un 28-80 mm. Casi todas las cámaras nuevas cuentan con un objetivo similar a éstos.

El principal inconveniente de los zooms es que son menos luminosos que los objetivos fijos equivalentes. Esto suele provocar falta de nitidez por vibración de la cámara, sobre todo en el extremo largo del zoom y cuando se usa la opción macro (véase p. 96). Una película más sensible puede solucionar este problema y es un buen recurso para los negativos en color. Para las diapositivas hay que sopesar las ventajas de la película sensible y las

Baño de peregrinos en el templo de Trimbakeshaw, Nasik, India

Se puede crear un efecto curioso con el zoom moviéndolo durante la exposición. Se coloca el punto de interés en el centro de la composición y se selecciona una velocidad cercana a 1/30. Hay que empezar a mover el zoom antes de disparar.

▲ Réflex de 35 mm, objetivo 24-70 mm, 1/30 f4, Ektachrome E100VS desventajas de un mayor grano y una pérdida de calidad de la imagen (véase p. 47). Se puede considerar complementar los zooms con un objetivo estándar luminoso, como un 50 mm f1,4, más compacto y práctico que un zoom.

Con todo, hay que pensar en las posibles consecuencias de apostar a una sola carta. Si el 24-70 mm se estropea o se sufre un robo se pierden todas las ópticas, desde el gran angular al teleobjetivo corto.

Macros

Si interesa especialmente fotografiar cosas muy pequeñas, como insectos o flores, el equipo debería orientarse a la macrofotografía e incluir objetivos macro, tubos de extensión o lentes de aproximación. Los objetivos macro se definen por el aumento que permiten. Un macro con un aumento de 1x reproduce un objeto a escala 1:1 (tamaño natural). Hay objetivos macro de focales variadas, incluyendo la de 50 mm, que puede usarse como objetivo estándar. Los tubos de extensión se colocan entre el cuerpo de la cámara y el objetivo, que determina el aumento. Con un zoom 35-80 mm se puede obtener un aumento de 0,3x a 0,5x. Lo menos caro, pero de calidad óptica inferior, son las lentes de aproximación enroscadas delante del objetivo. Se pueden comprar por separado o formando parte de un conjunto de tres con aumentos de 0,1x, 0,2x y 0,4x, que se pueden usar en cualquier combinación.

Teleconverticores

Son accesorios ópticos que se interponen entre el cuerpo de la cámara y el objetivo para aumentar la distancia focal. Hay algunos que consiguen aumentos de 1,4x o 2x. Un teleconvertidor de 1,4x convierte un objetivo de 200 mm en otro de 280 mm, y uno de 2x, en otro 400 mm. Añadido a un zoom 70-210 mm, un teleconvertidor de 2x cambia la distancia focal a 140-420 mm. Son una buena solución para una ocasión excepcional. Con el teleconvertidor se ahorra mucho dinero, espacio y peso. No se aconseja comprar un teleconvertidor económico porque la óptica de baja calidad perjudicaría la nitidez de las fotografías. El principal inconveniente es la pérdida de luminosidad. Con un convertidor de 2x, el zoom 70-210 mm f3,5/5,6 se convierte en un f7–f11 poco luminoso.

FILTROS

Son accesorios ópticos que se fijan delante del objetivo, ya sea mediante un portafiltros o enroscados. Cada objetivo tiene una medida de filtro y lo ideal sería que todos los objetivos del equipo tuvieran la misma. Disponen de numerosas aplicaciones técnicas y creativas, pero en este libro se hablará sólo de los filtros preferidos por los fotógrafos profesionales de viaje y paisaje. Sólo hay dos imprescindibles para la fotografía de viaje: el *skylight* y el polarizador. En las cámaras digitales, el balance de blancos hace menos necesarios los filtros correctores de color (véase p. 72).

Si se tienen cuatro filtros o más, habría que pensar en llevarlos en un estuche, ya que ahorra espacio y es más manejable.

El uso de los filtros es un tema delicado, ya que no siempre constituyen un medio infalible para conseguir mejores fotos. Un buen uso del filtro no debe notarse. Vale más no abusar ni usar más de un filtro a la vez; hacer pasar la luz a través de más capas de vidrio de las necesarias hará perder calidad. Igualmente, si se usan filtros con un gran angular puede ser que la propia montura del filtro aparezca en la fotografía en forma de reborde oscuro en las esquinas (viñeteado).

'Skylight' (1B) y ultravioleta (UV)

Desde el punto de vista técnico, los filtros *skylight* reducen la dominante azul que a veces se da en la fotografía de exteriores en color, sobre todo en la sombra. Los filtros UV absorben los rayos ultravioleta, que pueden dar fotografías de exteriores neblinosas y poco claras.

▸ **Cada objetivo debería llevar un filtro *skylight* o UV**

Los filtros también protegen el objetivo de la suciedad, el polvo, el agua y las huellas. Los objetivos son caros, pero los filtros no.

Polarizadores (PL)

Un filtro polarizador (PL) es esencial en cualquier equipo. Elimina reflejos no deseados reduciendo la luz reflejada por el motivo, incrementando la saturación del color y el contraste de la foto. El grado de polarización es variable y se controla girando la parte delantera del filtro y el objetivo en relación a la posición del sol. Al ver la imagen a través del objetivo se puede observar el efecto que va produciendo en las distintas posiciones. El efecto es más pronunciado cuando hace sol y la cámara se encuentra ladeada 90° con respecto a él, y es mínimo cuando éste se halla detrás o delante de la cámara.

Aunque el efecto producido por los polarizadores es muy atractivo en el visor, no sirven como filtro habitual. No deben dejarse en el objetivo, porque no mejoran todas las fotos y sólo deben usarse como medio creativo. Además, reducen la luz en dos diafragmas. En los gran angulares menores de 28 mm es importante fijarse en los efectos sobre las zonas claras de la imagen, como el cielo. Si no se coloca adecuadamente, una parte del cielo puede quedar más oscura que otra. Igualmente, cuando el contraste de una escena ya es de por sí alto, como en la nieve contra un cielo azul intenso, exagerar la polarización puede hacer que el cielo adquiera un color negro poco natural.

Hay dos tipos de polarizadores, el estándar y el circular (PL-CIR). El PL-CIR está pensado para evitar problemas con el enfoque automático a través del objetivo. Consúltese el manual de la cámara y, en caso de duda, utilícese el circular.

Escaparate de una tienda, Penang, Malasia

Sin filtro polarizador la foto no resulta, porque el reflejo del cristal reduce el color y el contraste.

◀◀ Réflex de 35 mm, objetivo 50 mm, 1/60 f11, Kodachrome 64

Añadiendo un polarizador todavía queda algún reflejo, pero es pequeño y apartado del motivo central.

◀ Réflex de 35 mm, objetivo 50 mm, 1/60 f5,6, Kodachrome 64, filtro polarizador

Pueblo de Longshen, China

Al mediodía, el follaje y los tejados reflejan el intenso sol y la escena pierde el color.

◀◀ Réflex de 35 mm, objetivo 50 mm, 1/125 f11, Ektachrome E100VS

El filtro polarizador reduce el brillo de las superficies con reflejos e intensifica los colores.

◀ Réflex de 35 mm, objetivo 50 mm, 1/125 f5,6, Ektachrome E100VS, filtro polarizador

Serie 80

Los filtros 80A, 80B y 80C son azulados, correctores de color. Reducen la dominante amarilla o naranja que aparece al usar película de día con luz incandescente. Si se piensa hacer muchas fotografías de interiores con luz ambiente y no gusta la dominante de color, el filtro medio 80B es una buena solución. Reduce la luz en un diafragma.

Mercado central, Kota Bharu, Malasia
El interior del mercado parece estar lleno de luz diurna, pero domina la iluminación incandescente. Con película para luz de día la escena adopta una tonalidad amarilla.

◀◀ Réflex de 35 mm, objetivo 50 mm, 1/60 f8, Kodachrome 200

Con un filtro 80B se reduce la dominante y los colores son más naturales.

◀ Réflex de 35 mm, objetivo 50 mm, 1/60 f5,6, Kodachrome 200, filtro 80B

Serie 81

Los filtros 81A, 81B y 81C son filtros de color ámbar, correctores de color llamados cálidos. En esencia son filtros *skylight* intensos y se usan para reducir el tono azul de las sombras con un cielo despejado, para los retratos a la sombra en el exterior y para fotografías en la nieve. El 81C es el más intenso de los tres y el que hay que usar como filtro cálido general. Reduce la luz en dos tercios de diafragma.

Detalle del Half Dome, Parque Nacional de Yosemite, EE UU
El filtro 81C hizo más cálidos los colores de la pared rocosa que se alza sobre el lago Mirror. Hasta que no se está seguro del efecto de un filtro, conviene hacer disparos de prueba con y sin él y observar la diferencia.

◀◀ Réflex de 35 mm, objetivo 100 mm, 1/30 f16, Ektachrome E100SW, trípode

◀ Réflex de 35 mm, objetivo 50 mm, 1/30 f11,3, Ektachrome E100SW, trípode, filtro 81C

Serie 82

Los filtros 82A, 82B y 82C son azulados, correctores de color llamados fríos. Reducen los tonos cálidos de la luz al amanecer o al atardecer para dar un tono más natural a los retratos.

Degradados

Tienen una mitad transparente y otra coloreada. La densidad disminuye hacia el centro para evitar que el límite entre ambas mitades se note. Sirven para generar efectos especiales y puede elegirse entre muchos colores. Deben usarse con moderación para que el resultado sea natural. Por ejemplo, si se coloca un filtro de puesta de sol para cambiar el color del cielo pero las sombras de la foto son cortas, el truco se notará mucho.

El filtro degradado más útil es el gris o de densidad neutra (DN, ND en inglés). No añaden color, pero reducen la cantidad de luz en la mitad de la imagen. Los usan los fotógrafos de paisajes para igualar diferencias de exposición cuando el contraste entre dos zonas de la escena es demasiado grande (véanse pp. 89-90).

Reflejo, Parque Nacional de Yosemite, EE UU

Calculando la exposición para la roca se asegura un buen color y detalle, pero el reflejo en el agua apenas se ve.

▲ Réflex de 35 mm, objetivo 35 mm, 1/15 f8, Ektachrome STX, trípode

Exponiendo para el agua se reproduce correctamente el reflejo, pero se pierden el color y el detalle de la roca.

▲ Réflex de 35 mm, objetivo 35 mm, 1/4 f8, Ektachrome STX, trípode

Un filtro degradado de densidad neutra soluciona el problema compensando la diferencia de luz entre las zonas claras y oscuras, asegurando un buen color y detalle tanto en la roca como en su reflejo.

▲ Réflex de 35 mm, objetivo 35 mm, 1/4 f8, Ektachrome STX, trípode filtro DN degradado

Al usar filtros degradados es importante no cerrar demasiado el diafragma, sobre todo con gran angulares, pues podría marcarse una línea en medio de la foto. Si la cámara cuenta con la opción de previsualización de la profundidad de campo, conviene utilizarla para comprobarlo.

Los filtros degradados cuadrados que se usan con portafiltros tienen más aplicaciones y son más fáciles de controlar. El filtro se puede desplazar arriba y abajo para colocarlo del modo más conveniente.

TRÍPODES

No hay duda de que un buen trípode es una pieza muy importante del equipo de un buen fotógrafo de viaje. La decisión de llevarlo o no depende del tipo de imágenes que

se piense hacer y valorar si compensa la molestia de embalar y cargar con un peso extra. Gran parte de las fotografías de viaje se pueden hacer sin trípode. Con poca luz bastará una película más sensible para poder disparar a pulso. Pero se necesitará un trípode si se quiere usar películas de grano fino, lograr una buena profundidad de campo o utilizar velocidades lentas.

En los viajes, los temas más habituales que requieren trípode son los paisajes rurales y urbanos, pues casi siempre quedan mejor con película de grano fino. Muchas de las mejores fotos de estos temas se hacen al amanecer o al anochecer, cuando la luz está baja y se requiere la máxima profundidad de campo. Si se tiene un interés especial en fotografiar paisajes, el trípode es imprescindible. Conviene que sea práctico de llevar, pero no demasiado ligero para que la cámara se mantenga inmóvil. Se recomienda probarlo extendido al máximo y montar la cámara con el objetivo más largo. Hay que asegurarse de que las patas sean extensibles para que pueda asentarse en terrenos irregulares. Si el presupuesto lo permite, los trípodes de fibra de carbono son más ligeros.

Páginas de un devocionario tibetano, Lo Manthang, Nepal

Esta foto sin trípode suponía arriesgarse a que la cámara se moviese y a la desaparición de la profundidad de campo. El trípode permitió seleccionar la apertura necesaria para obtener una completa nitidez desde el primer término hasta el fondo; la velocidad no importaba.

▲ Réflex de 35 mm, objetivo 35 mm, 1 s f8,
 Ektachrome E100VS, trípode

Cabezales

El cabezal se sujeta a la base de la cámara y permite que ésta se mueva en cualquier dirección. Si se compra un trípode bueno se podrá escoger entre varios. Merece la pena probarlos para encontrar el de más fácil manejo. Hay cabezales con un mando para cada eje y otros basculantes. Éstos son ideales para la fotografía de viaje porque son más estilizados y fáciles de embalar. Hay que comprobar que la transición entre la posición horizontal y la vertical sea suave, que se pueda fijar fácilmente y que sea lo bastante robusto para aguantar el peso del objetivo más grande en ambas posiciones.

Otra característica que vale su peso en oro es el soporte de quita y pon, que se fija a la base de la cámara, se desliza en el cabezal del trípode y se bloquea en la posición deseada. Ahorra mucho tiempo y es más sencillo que enroscar y desenroscar continuamente la cámara del trípode.

Otros soportes

Si no se quiere llevar ni siquiera un pequeño trípode, existen otras opciones que vale la pena considerar. Los trípodes de sobremesa sostienen la cámara a unos 15 cm de la superficie, son muy pequeños y adecuados para las cámaras compactas con exposiciones automáticas de hasta bastantes segundos y para las pequeñas réflex con gran angular u objetivo normal. Deben usarse sobre un muro o una mesa… a menos que se prefiera estar estirado en el suelo y mirando hacia arriba en todas las fotos cuando haya poca luz.

Los monopié son soportes de una sola pata. Son apropiados para la fotografía urbana y de acción y suelen usarlos los fotógrafos deportivos. Pueden proporcionar apoyo en sitios concurridos donde montar un trípode sería poco práctico. El inconveniente es que son más largos porque están pensados para usarse al nivel de los ojos.

Otra posibilidad es improvisar un soporte: una chaqueta, un saco de dormir o un montón de piedras. Estas soluciones dan mejor resultado usando una réflex con zoom o teleobjetivo, puesto que la parte delantera del objetivo puede quedar fuera del soporte. Al terminar los preparativos sólo cabe esperar que lo que se pretendía fotografiar todavía esté allí. Otra solución es apoyarse en árboles, edificios, vallas o cualquier otra construcción sólida situada en el lugar adecuado. Conviene practicar haciendo fotos con poca luz a pulso y a velocidades de 1/15 de segundo o inferiores para averiguar la firmeza del pulso y hasta qué punto se puede tentar la suerte (véase p. 96). Puede que estas soluciones improvisadas funcionen, pero que nadie espere la misma nitidez, velocidad y facilidad que proporciona un trípode.

Estatua de Buda en el templo de Gangaramaya, Colombo, Sri Lanka

Con muy poca luz y sin trípode, esta foto se realizó con la cámara acomodada sobre la bolsa de la cámara, emplazada en un taburete. Obviamente, el ángulo visual depende de la ubicación del soporte. Además, se pueden perder unos minutos preciosos intentando poner derecha la cámara, por lo que no es una práctica recomendable como sistema.

◂ Réflex de 35 mm, zoom 24-70 mm, 1/3 f2,8, Ektachrome E100VS, sobre la bolsa de la cámara en un taburete

MOTORES

Casi todas las cámaras compactas y réflex modernas llevan incorporado un motor de avance que hace correr la película automáticamente. Si se posee una réflex sin esta característica, se puede consultar el manual de la cámara para ver si es posible añadirlo. Si es así, la inversión vale la pena, sobre todo si interesa fotografiar gente, animales o acción. De este modo no hay que apartar el ojo del visor entre un disparo y otro, lo que permite observar mejor el sujeto y mantener la composición. El pequeño inconveniente es un poco más de peso y llevar unas cuantas pilas más.

FOTÓMETROS DE MANO

En la actualidad casi todas las cámaras disponen de un fotómetro incorporado para medir la luz reflejada. Algunos fotógrafos prefieren un fotómetro de mano, pero para el viajero no tiene mucho sentido una pieza más en el equipo (véase p. 89).

FLASHES

La luz ambiental es la principal fuente de iluminación para la fotografía de viaje, pero aun así vale la pena llevar una unidad de flash. En algunas ocasiones no es posible usar trípode, por ser inoportuno, poco práctico, estar prohibido o demasiado oscuro, incluso para una película sensible.

Todos los flashes tienen un número guía (NG o GN, en inglés) que indica su potencia con película de 100 ISO. Los números guía van del 10 al 50; cuanto más alto es el número, más potente (y caro) el flash. La mayor parte de las cámaras nuevas llevan flash incorporado, que constituye una práctica fuente de luz, ideal para fotos espontáneas pero inapropiado para la fotografía creativa (véase p. 114). Hay que conocer las limitaciones del flash y usarlo en consecuencia. La mayor parte tienen un NG de 10 a 15 e iluminan motivos a una distancia de entre 1 y 5 m.

A falta de flash incorporado, o en caso de necesitar más potencia, hay muchos tipos de flashes auxiliares, desde los que se conectan a la zapata de la cámara hasta los que van en un soporte y se conectan a la cámara mediante un cable. Hay flashes manuales, pero los automáticos y los TTL están mucho más extendidos.

Manuales

Proporcionan una cantidad constante de luz y requieren un simple cálculo para determinar la apertura del diafragma y conseguir, así, la exposición correcta. La velocidad de obturación es irrelevante (excepto para la velocidad de sincronización; véase p. 114) porque la duración del destello es muy corta, normalmente de 1/10.000 de segundo o menor. Con película de 100 ISO, se divide el NG del flash por la distancia entre el sujeto y la cámara. Por ejemplo, si el NG es 32 y el sujeto está a 8 m, la apertura deberá ser de f4. La intensidad del destello decrece rápidamente a medida que se aleja de la unidad de flash, por lo que cuanto más lejos esté el sujeto, mayor será la apertura requerida. Casi todos los flashes manuales llevan una escala detrás que muestra la apertura necesaria según la sensibilidad de la película y la distancia del sujeto, lo que ahorra tener que ajustar el NG si se usa una película diferente de la de 100 ISO.

Automáticos

Pueden usarse con cualquier réflex, poseen sensores que miden la luz reflejada por el sujeto y detienen el destello cuando detectan que ha recibido la cantidad de luz necesaria. Casi todos ofrecen una selección de posiciones de diafragma e indicadores que confirman la exposición correcta o avisan de una sobreexposición o subexposición.

TTL

El flash TTL (a través del objetivo; *through the lens* en inglés) es un flash automático perfeccionado, en el que el sensor que determina la exposición se aloja en el cuerpo de la cámara y no en el flash. Esto significa que la luz que expondrá la película se mide automáticamente teniendo en cuenta la apertura y los filtros. Se puede usar con cualquier apertura (limitada por la capacidad del flash y la distancia del sujeto) y no hace falta indicar al flash la sensibilidad de la película ni la apertura del diafragma.

Los fabricantes de cámaras comercializan flashes automáticos con funciones TTL para usar con sus cámaras, y a veces sólo para un modelo concreto. Los fabricantes independientes ofrecen flashes que se pueden usar con casi todas las cámaras mediante un adaptador. Para simplificar la fotografía con flash, se recomienda un flash TTL (si la cámara lo acepta). Si además dispone de modo manual se podrá experimentar.

Hechicero, Banjarmasin, Kalimantan, Indonesia

Siempre es preferible la luz ambiente al flash. Sin embargo, ante un hombre que acaba de tragarse unas hojas de afeitar de pie sobre el vientre de su esposa que está tendida en un lecho de clavos oxidados en una habitación oscura con un felino disecado… quizá es preferible el flash

◂ Réflex de 35 mm, objetivo 24 mm, 1/60 f8, Kodachrome 64, flash directo

GUÍA DE COMPRA

La vieja máxima "lo bueno tiene su precio" también se puede aplicar al equipo fotográfico. Precios más altos normalmente indican más prestaciones, piezas y ópticas de mejor calidad y una mejor fabricación. Conviene mirar en varias tiendas porque los precios pueden variar considerablemente de una a otra. Compruébese siempre la garantía, muy importante cuando se compra en el extranjero o si se va a emprender un largo viaje. Si se adquiere el equipo en el extranjero, conviene tirar un carrete enseguida para comprobar que todo funcione.

Cámaras compactas sencillas

La gama de las compactas de 35 mm empieza en las sencillas cámaras de apuntar y disparar provistas de un objetivo fijo gran angular. El flash se dispara automáticamente cuando hay poca luz y no puede anularse. El enfoque automático tiene un sensor en el centro de la imagen. Los precios van de 30 a 40 €. No son recomendables para nadie interesado en hacer buenas fotos.

Cámaras compactas de gama superior

Se presentan en formato APS y 35 mm. En el modo automático son cámaras de apuntar y disparar, pero también ofrecen varias posibilidades para controlar la composición y la exposición. Se encuentran a partir de 150 € y suelen incluir:

> zoom sencillo de unos 38-90 mm
> flash incorporado con características opcionales para reducción de ojos rojos, flash de relleno, flash nocturno y anulación de flash
> bloqueo de enfoque y exposición para enfocar y exponer mejor el motivo principal

> rebobinado a mitad del carrete
> enfoque automático con varios sensores para motivos descentrados
> temporizador

Cámaras y objetivos réflex de 35 mm

La cantidad de opciones y características disponibles hacen que comprar una nueva réflex pueda convertirse en una experiencia desconcertante. Sin embargo, indagando un poco y con la ayuda de un buen vendedor, no habrá problemas para encontrar la cámara más conveniente.

Además de las prestaciones de la cámara, hay que comparar el peso, el tamaño y el aspecto. Si es demasiado pesada, puede que al final se deje en el hotel. No hay que comprometer la calidad del objetivo a cambio de las prestaciones de la cámara. Conviene comprar el objetivo más luminoso que se pueda para contar con una óptica mejor, una construcción robusta y una flexibilidad máxima en situaciones de poca luz. Muchas cámaras se venden con un zoom de baja calidad para ajustar el precio. Hay que preguntar por otras opciones.

Sugerencias de equipos SLR

Más adelante se resumen las características de cuatro equipos para fotografía de viaje en general. El cuerpo de la cámara debería ser de gama media, del tipo orientado a aficionados, con un zoom de la misma marca, que puede costar entre 240 y 500 €. Estas cámaras están a medio camino entre las semiprofesionales y las más sencillas. En esta gama de precios ofrecen múltiples prestaciones, están bien fabricadas y deberían resistir los rigores del viaje y responder de modo fiable en prácticamente cualquier situación. Tiene que incluir enfoque automático en varios puntos, modos de exposición múltiple, medición puntual, flash incorporado, avance y rebobinado automático de la película, rebobinado a mitad del carrete y previsualización de la profundidad de campo. Conviene que todas las opciones automáticas también puedan realizarse de modo manual. En la bolsa fotográfica deberían caber el equipo con todos los componentes (excepto el trípode) y 20 carretes. Hay muchas combinaciones de cámara y objetivo, por lo que éstas sólo sirven de guía; la elección también dependerá del presupuesto, las necesidades y los propósitos.

EQUIPO BÁSICO

Lo mínimo para los que quieran algo más que una compacta, pero con poco peso y volumen.

- cuerpo de cámara réflex de 35 mm
- zoom 35-80 mm f4-5,6 o 28-105 mm f4-5,6
- filtro *skylight* o UV
- filtro polarizador

EQUIPO ESTÁNDAR

Se trata del equipo usado por la mayoría de viajeros. Es el mínimo recomendado para cubrir casi todas las situaciones.

- cuerpo de cámara réflex de 35 mm
- zoom 28-80 mm f3,5-5,6
- filtro *skylight* o UV para cada objetivo
- zoom 70-210 mm f4-5,6 o 70-300 mm f4-5,6 (si fotografiar animales es prioritario)
- filtro polarizador para todos los objetivos

EQUIPO ESTÁNDAR MEJORADO

Un objetivo estándar luminoso y un trípode dan flexibilidad en condiciones de poca luz y un mayor control de la profundidad de campo.

- cuerpo de cámara réflex de 35 mm
- zoom 28-80 mm f3,5-5,6
- zoom 70-210 mm f4-5,6 o 70-300 mm f4-5,6 (si fotografiar animales es prioritario)
- objetivo estándar luminoso de 50 mm f1,4
- filtros *skylight* o UV para cada objetivo
- filtro polarizador para todos los objetivos
- trípode compacto

EQUIPO SUPERIOR

Es un equipo versátil para el viajero que prioriza la fotografía y no le preocupan el peso ni el volumen de la bolsa. Un segundo cuerpo es un buen refuerzo y además da mayor rapidez y flexibilidad. Los objetivos luminosos y el trípode aumentarán las oportunidades de tomar fotos y darán mayor control sobre la profundidad de campo en casi todas las situaciones de poca luz. El kit de flash rebotado dará un aspecto natural a las fotos hechas con flash.

- dos cuerpos de cámara réflex de 35 mm
- zoom 28-80 mm f3,5-5,6
- zoom 70-210 mm f4-5,6 o 70-300 mm f4-5,6 (si fotografiar animales es prioritario)
- objetivo estándar luminoso de 50 mm f1,4
- gran angular luminoso de 24 mm f2
- filtro *skylight* o UV para cada objetivo
- filtro polarizador para todos los objetivos
- trípode compacto
- flash compacto automático con cabezal basculante
- kit reflector para flash rebotado

ACCESORIOS

Una vez se tenga el equipo, se necesitará una bolsa adecuada para transportarlo, en la que habrá que meter también algunos pequeños accesorios muy útiles.

EQUIPO PARA EL TRANSPORTE

Si se cuenta con algo más que una sencilla réflex, es muy importante escoger bien la bolsa de transporte en aras de la comodidad, seguridad y facilidad de uso.

Mochilas y bolsas

Hay muchas bolsas bonitas que no siempre son funcionales o cómodas. Los principales tipos en el mercado son:

- **Bolsas tipo mochila** Ideales para llevar mucho equipo, aunque es más lento acceder al material porque está en la espalda. Se suelen destinar al *trekking*.
- **Bolsas rígidas** Ofrecen la mejor protección al equipo, pero son muy incómodas de transportar. Buscar es lento y al abrirlas queda a la vista todo el equipo. Pero son ideales si se lleva mucho material y hay que facturarlo en aviones; una vez en el destino, es mejor usar una bolsa de tela.
- **Bolsas tipo bandolera** Todo está a mano y suelen ser cómodas de llevar. Se ajustan al cuerpo y se adaptan fácilmente a los cambios de equipo. Sin embargo, no ofrecen tanta protección contra los golpes.

Al comprar una bolsa hay que ir con todo el equipo que se piensa llevar en los viajes y probar varios modelos. El equipo entero y las películas han de caber en una sola bolsa, pero obtener un fácil acceso. Así se puede llevar como equipaje de mano en el avión y sólo hay que preocuparse de un paquete. Procúrese no escoger una bolsa demasiado atractiva para los ladrones. Las que tienen tiras anchas y almohadillas en los hombros son más cómodas para llevar peso.

Es importante efectuar una prueba con la bolsa cargada con todo lo que se quiere llevar. No hay que limitarse a andar por la tienda unos minutos, sino también probar el equipo para ver si es cómoda y fácil de usar.

Muchos viajeros prefieren llevar la cámara y los objetivos en su mochila habitual. Pero hay que cargar con la cámara en todas las salidas; además, sacarla de la mochila cada vez que se quiera hacer una foto es lento y poco práctico.

Estuches

Si sólo se tiene una cámara con zoom, se puede llevar en un estuche con una tira, lo que facilita un acceso rápido y reemplaza el envoltorio del fabricante. Las películas y otros accesorios que se usan con menor frecuencia pueden llevarse en la mochila.

Correas

La correa de la cámara debe ser ancha. La que viene de fábrica no siempre es cómoda, sobre todo si la cámara lleva un teleobjetivo pesado o un zoom largo.

Siluetas de fragatas, isla de San Salvador, Galápagos, Ecuador
◂ Réflex de 35 mm, objetivo 24-70 mm, 1/250 f11, Ektachrome E100VS

Chalecos

Estas prendas especiales tienen múltiples bolsillos para repartir el peso del equipo incluso sobre los hombros. Es rápido encontrar lo que se busca... siempre que se recuerde en cuál de los infinitos bolsillos se encuentra. En lugares abarrotados son prácticos y en viajes más arriesgados permiten una mayor agilidad que una bolsa colgada del hombro.

EQUIPO DE LIMPIEZA

Los pañuelitos para lentes y una pera con cepillo cubren casi todas las necesidades de limpieza. Para las huellas rebeldes en el objetivo, puede necesitarse un líquido limpiador especial, pero en general no es imprescindible en los viajes.

BATERÍAS

▶ **Hay que llevar siempre pilas de recambio para cada componente del equipo**

Esta norma es tanto más importante cuanto más alejado se está de las zonas concurridas, sobre todo si la cámara usa pilas de litio (duran más pero no suelen encontrarse en los pueblos pequeños). La razón más frecuente por la que una cámara deja de funcionar es que se agoten las baterías. Muchas veces ocurre que la pila se hace vieja y acumula suciedad que impide el paso de la corriente. Si no se lleva recambio, se puede probar a sacar las pilas viejas, frotar los extremos y los contactos de la cámara con un trapo y volver a ponerlas. Véase p. 71 para consejos específicos sobre las baterías para cámaras digitales.

DISPARADOR REMOTO

Es un accesorio que permite accionar el obturador sin tocar la cámara y reduce el riesgo de que ésta se mueva. Si está sobre en un trípode (o un montón de piedras), habría que usar un cable disparador. Si se carece de él, o si la cámara no lo admite, úsese el temporizador. Así la cámara tendrá unos 8-10 segundos para estabilizarse después de apretar el disparador y las fotos saldrán más nítidas. Pero no hay que olvidar que en 8 o 10 segundos se podría haber hecho otra foto del mismo tema cambiando el objetivo, desplazando el zoom, modificando la orientación de horizontal a vertical o, todavía peor, el sol puede haberse ocultado bajo el horizonte o la montaña haberse cubierto de nubes.

PARASOL Y VISOR

El parasol es básico y debería ponerse en cada objetivo si no lo lleva incorporado. Su función es evitar que la luz dispersa entre en el objetivo y provoque halos, disminuya la nitidez y afecte a la exposición.

Si la cámara no lleva incorporado un visor alrededor del ocular, se puede comprar como accesorio. Al evitar que la luz entre en el ocular, éste conserva su máxima luminosidad y es posible enfocar con mayor precisión.

Valle de Chola Khola, Parque Nacional de Sagarmatha, Nepal
Aunque el sol no salga en el encuadre, disparar hacia la luz también puede provocar halo y perjudicar la nitidez de las imágenes.

▲ Réflex de 35 mm, objetivo 24-70 mm, 1/125 f11, Ektachrome E100VS, sin parasol
▼ Réflex de 35 mm, objetivo 24-70 mm, 1/125 f8, Ektachrome E100VS, con parasol

PELÍCULA

▸ **Escoger la película es una decisión creativa importante que no debe dejarse para el último momento**

La película elegida influirá enormemente en el aspecto de las imágenes. Determinará el tipo de fotografías que pueden salir bien, cuándo y dónde se podrán tomar y qué equipo suplementario se necesitará, como flashes y trípodes.

Kodak, Fujifilm y Agfa fabrican películas excelentes y los fotógrafos profesionales discutirían sin fin cuál creen mejor. A veces una puede ser más adecuada para un determinado uso o tema que para otro; Fujichrome Velvia está considerada una excelente película para paisajes y Kodak Portra reproduce con precisión los tonos de la piel. Además, cada película se fabrica con un equilibrio cromático concreto. La mayoría están equilibradas para la luz de día y el flash electrónico. Cuando la película de día se utiliza en lugares donde la luz incandescente es la dominante, las fotografías o diapositivas muestran una tonalidad amarillenta o cálida. Esto puede solucionarse con el flash, el filtro o con una película equilibrada para luz de tungsteno.

Para el viajero es poco práctico llevar diferentes películas aptas para temas y condiciones de iluminación diversas. Hay que probar unas cuantas para ver por uno mismo cómo reaccionan ante diferentes temas e iluminaciones y quedarse con la que más guste.

¿PAPEL O DIAPOSITIVAS?

Lo primero que hay que decidir es entre copias en papel o diapositivas, y en color o blanco y negro, o una combinación. Es una decisión personal que depende en gran parte de la finalidad que se quiera dar a las fotografías y del modo como se deseen presentar. Usar dos tipos de película a la vez, por ejemplo negativo en color y diapositivas, no es sencillo a menos que se usen dos cámaras. El tiempo que se emplee en cambiar de película se traducirá en una falta de continuidad en la presentación final. Pero aunque se usen dos cámaras, no hay por qué fotografiarlo todo dos veces, pues es posible sacar copias en color o blanco y negro de las diapositivas o diapositivas a partir de negativos.

Teniendo clara la prioridad principal, será más fácil escoger la película. Si sólo se quiere conservar un recuerdo del viaje, lo más adecuado es la película negativa en color. Pero si la intención es presentar el trabajo a un archivo fotográfico o publicarlo, lo mejor son las diapositivas.

Copias en color

Las fotos en un álbum son prácticas para enseñar; además, una vez pasado el interés inicial, se miran más a menudo que las diapositivas debido a su fácil acceso. No sale caro hacer copias para enviar a la gente fotografiada o a los compañeros de viaje, ni encargar ampliaciones de las preferidas. En casi todas partes existen *minilabs* donde revelar la película y sacar copias rápida y económicamente. Así, se puede disfrutar enseguida del resultado y aprender de los aciertos y fallos durante el viaje.

Mujer haciendo ganchillo, mercado de Otavalo, Ecuador
◂ Réflex de 35 mm, objetivo 24-70 mm, 1/60 f6,3, Ektachrome E100VS

En cuanto a la técnica, es mucho más fácil exponer la película negativa que la de diapositivas, pues su latitud de exposición es amplia y los errores a menudo se pueden corregir en las copias. Si se usa una cámara compacta totalmente automática, lo mejor es el negativo en color.

El principal inconveniente es que el fotógrafo tiene un control limitado sobre la copia final. A menos que se recurra a un laboratorio profesional, más caro, donde seguirán sus instrucciones, o se imprima sus propias copias, puede decepcionarse al ver que las fotos no tienen la intensidad de color de lo que fotografió. Los *minilabs* generalmente revelan de forma estándar, por lo que casi todas las copias se parecen.

Copias en blanco y negro

En este libro se insiste en el uso de las películas en color, pero las de blanco y negro todavía se emplean bastante. No es tan cómodo revelar el blanco y negro como el color, pues pocos *minilabs* ofrecen este servicio; normalmente se limitan a enviar la película a un laboratorio profesional. Se puede aprovechar la comodidad de un *minilab* utilizando películas de blanco y negro cromógenas, que pueden revelarse y positivarse con los mismos químicos y papel que las de color. Pero las copias a menudo tienen una dominante azul o sepia. Los negativos cromógenos sólo dan buenas copias en papel para blanco y negro.

Diapositivas

Las diapositivas o transparencias, si están bien expuestas y se proyectan sobre una pantalla blanca en una habitación a oscuras, son lo más aproximado a la intensidad de color y la gama de tonos que el fotógrafo vio al disparar. La mayoría de los fotógrafos profesionales de viaje usan la película de diapositivas porque da una total flexibilidad en el uso final y es el soporte que suelen pedir en editoriales y archivos fotográficos. Y lo más importante, el aspecto final de la imagen depende del tipo de película y de la exposición escogida. La diapositiva es un producto final y por tanto una expresión de la visión e intenciones del fotógrafo; no necesita ser interpretada por una impresora, como el negativo, para ser vista.

Es importante saber que cada película registra el color de modo distinto, sobre todo en el caso de las transparencias, donde las variaciones de una película a otra pueden ser muy grandes incluso entre las de un mismo fabricante. Una película de diapositivas en color Kodak de 100 ISO no sólo registrará los colores de forma muy diferente que una Fujifilm o Agfa de 100 ISO, sino también respecto a otra película Kodak de 100 ISO.

Escoger una película de diapositivas es una decisión creativa que afecta enormemente al aspecto de las fotos. El tipo de película determina el modo en que se registra el color, mientras que la sensibilidad (véase p. 47) determina la calidad general y la nitidez de la imagen.

De las diapositivas también se pueden sacar copias en papel, pero son más caras que las de negativos y, como este proceso supone un aumento del contraste, a menudo son decepcionantes y se ven demasiado oscuras. Los laboratorios profesionales realizan copias de calidad a precios bastante más altos, pero merece la pena si la foto es buena y se desea enmarcar.

Las diapositivas no son recomendables para las cámaras automáticas básicas. Para conseguir resultados regulares se necesita una réflex con fotómetro incorporado.

▲ Ektachrome E100G
▼ Ektachrome EBX

▲ Ektachrome E100VS
▼ Fujichrome Sensia

Stupa de Bodhnath, valle de Katmandu, Nepal

El mismo tema y la misma luz: películas diferentes, diferente color. Cada película reproduce los colores de modo distinto. Conviene probar varias para encontrar la que dé unos resultados más satisfactorios.

Réflex de 35 mm, objetivo 70-200 mm, 1/200 f10, trípode

Si se quiere enseñar las diapositivas a familiares y amigos, deben proyectarse, hecho que exige un equipo y unos preparativos adicionales. Además, una invitación a ver las diapositivas del último viaje puede tener algo de amenazador. Sin embargo, en cuanto a brillo y color no hay nada comparable a una dispositiva proyectada.

¿PELÍCULA PROFESIONAL O DE AFICIONADO?

La mayor parte de los negativos y de diapositivas en color de aficionado tienen su equivalente profesional (identificables en muchas tiendas porque las guardan en la nevera), pero unas y otras comparten las mismas características principales en cuanto a color, nitidez y grano.

Los compuestos químicos que forman las emulsiones de las películas en color se alteran lentamente con el tiempo, y este "envejecimiento" modifica el equilibrio cromático y la sensibilidad. Los fabricantes lo tienen en cuenta, basándose en el modo en que utilizan la película los dos grupos de consumidores, y consideran el tiempo que transcurre entre la fabricación de la película y su revelado, pues el carrete pasa un tiempo en la tienda y semanas o meses en la cámara. Así, la película alcanza su máxima efectividad durante el período en que se calcula que se usará.

El fabricante primero envejece las películas para profesionales y luego las mantiene en neveras para que el usuario las utilice en el período óptimo en cuanto a equilibrio cromático y sensibilidad. Esto es importante para algunas aplicaciones profesionales que exigen ese mismo equilibrio entre los carretes. Para asegurarlo, muchos profesionales compran grandes cantidades a la vez, con lo que ahorran tiempo y dinero.

Para el viajero, las películas de aficionado tienen muchas ventajas. Durante el viaje es imposible mantener la película refrigerada, por lo que no puede garantizarse que todos los carretes del lote tengan las mismas características cromáticas y de sensibilidad. Además, durante un viaje largo sale bastante más barato comprar película de aficionado. Los costes de revelado son iguales.

Vale la pena probar y comparar un par de películas profesionales y de aficionado para encontrar la que satisfaga mejor las necesidades particulares.

SENSIBILIDAD

Toda película posee un índice de la International Standards Organisation (ISO) que define su sensibilidad. Cuanto mayor es el índice, más sensible a la luz es la película.

La sensibilidad se indica con un número. Por ejemplo, hay películas de 64, 100 y 400 ISO. El doble de un número significa el doble de sensibilidad; así, la película de 100 ISO es el doble de sensible y el doble de rápida al disparar que la de 50 ISO, y ésta necesita el doble de luz para la misma exposición que la primera.

Las películas también se clasifican de modo más informal en poco sensibles, de sensibilidad media y muy sensibles. Las primeras tienen sensibilidades de 25 o 50 ISO. Las de sensibilidad media (o normal) son las de 64, 100, 160 y 200 ISO, y las más sensibles, de 400, 800, 1.000, 1.600 y 3.200 ISO.

La sensibilidad de una película también indica la calidad general de la imagen. Las películas poco sensibles tienen el grano más fino y dan imágenes más nítidas con un detalle y un rendimiento de color excelentes. Esto se nota especialmente cuando se realizan ampliaciones mayores de 20 x 25 cm, puesto que cuanto más se amplía la imagen, mayor es el grano. A menos que se busque un efecto artístico, la copia de película más sensible tendrá una textura difuminada poco satisfactoria.

La elección de la sensibilidad de la película dependerá de las supuestas condiciones en que se disparará, de las preferencias personales y del destino final de las fotografías.

Si se usa una cámara compacta sencilla para copias en color, la película de 400 ISO es ideal. Gracias a su mayor sensibilidad se podrá sostener la cámara a pulso casi en todas las ocasiones y aumentará el alcance efectivo del flash incorporado.

Animadoras en un partido de fútbol americano, Nashville, EE UU

Cuando hay poca luz y no se puede usar flash ni trípode, y además el sujeto está dando saltos, puede ser muy complicado sacar buenas fotos. Los objetivos luminosos y las películas hechas para forzar son insustituibles en tales ocasiones.

▲ Réflex de 35 mm, objetivo 100 mm, 1/125 f2, Ektachrome E200 expuesta a 800 ISO (forzada dos diafragmas)

Para sacar el mayor partido del equipo réflex y la película, y hacer ampliaciones de las fotos preferidas, es mejor utilizar habitualmente la película de 100 ISO, pues es adecuada para casi todas las situaciones. Sin embargo, cada tema precisa una película de una sensibilidad determinada. Si se tiene un interés especial en los paisajes y se lleva trípode, será mejor usar una película de 50 ISO, de grano fino. En cambio, si interesan más los deportes o el teatro, se precisará mayor sensibilidad. Para las situaciones con poca luz hay que llevar unos cuantos carretes de 400 ISO o bien investigar las posibilidades del forzado.

Detalle de la selva, Ruta Inca, Perú

El mismo tema y la misma luz: grano diferente, diferente calidad. La película de 25 ISO da un grano muy fino que apenas se nota, y ha captado el intrincado detalle del motivo con extrema nitidez. La película de 1.600 ISO tiene mucho grano, carece de detalle, es menos nítida y más contrastada.

▲ Kodachrome 25 ISO
▼ Fujichrome 1.600 ISO

Detalle del techo, iglesia de Santo Domingo, Oaxaca, México

Cuando se puede hacer fotos pero no usar el flash o el trípode, la película sensible permite disparar a pulso con muy poca luz.

‹ Réflex de 35 mm, objetivo 50 mm, 1/60 f1,4, Ektachrome E200 expuesta a 800 ISO

Niñas tibetanas en las escaleras, monasterio de Sera, Lhasa, Tíbet, China

En las escaleras que conducen al segundo piso del monasterio no había mucho espacio y las niñas se hicieron a un lado para que otros pasaran. Con la escasa luz y la película habitual, se habría necesitado una exposición de 1/15, pero la foto seguramente no habría salido bien debido al movimiento de la cámara y del motivo. Usando una película sensible se pudo aprovechar la luz que había y conservar la atmósfera del lugar disparando a pulso.

‹ Réflex de 35 mm, objetivo 24 mm, 1/60 f2, Kodachrome 200 expuesta a 400 ISO

FORZADOS

Forzar y rebajar la película son técnicas que permiten variar la sensibilidad ISO de las diapositivas en color y de la película en blanco y negro, desde el momento de la exposición, con finalidades prácticas y creativas.

La técnica más común es forzar la película uno o dos diafragmas, exponiéndola con un ajuste ISO más alto que la sensibilidad real. Por ejemplo, con película de 100 ISO en la cámara, se ajusta el ISO a 200 para forzar un diafragma y a 400 para forzarla dos. Así se engaña al fotómetro, que cree que la película es más sensible y necesita menos luz para exponerse correctamente. Todo el carrete se debe exponer del mismo modo y hay que informar al laboratorio para que aumente el tiempo de revelado. De no hacerse, las diapositivas saldrían subexpuestas. Si se fuerza la película habitual, hay que pegar un adhesivo en el carrete o pensar algún método infalible para distinguirla del resto.

El forzado de la película ofrece la oportunidad de hacer fotos con poca luz sin tener que recurrir al flash, usar trípode ni disparar a pulso con velocidades muy bajas y con el riesgo de que salgan movidas (véase p. 96). También permite llevar sólo un tipo de película y forzarla cuando sea necesario en vez de tener que adivinar por adelantado cuántos carretes de película sensible se necesitarán.

Taller de sombrillas, Pathein, Myanmar

De cara a la luz, el muchacho trabajaba en un local cubierto pero sin paredes. Había suficiente claridad para utilizar la película habitual de 100 ISO con el objetivo más luminoso (es siempre la primera elección).

◄ Réflex de 35 mm, objetivo 50 mm, 1/60 f1,4, a pulso, Ektachrome E100VS

El dueño del taller trabajaba en un rincón débilmente iluminado que requería una exposición de 1/8 con la película de 100 ISO. El flash habría eliminado la atmósfera del lugar y aunque se podía haber usado trípode, seguramente limitaría la espontaneidad del sujeto. Cambiando a la cámara cargada con película de 200 ISO, pero forzada a 800 ISO, se podía sostener la cámara a pulso y moverse alrededor del sujeto mientras trabajaba. Los talleres como éste suelen ser oscuros, pero en situaciones de poca luz el grano de la película añade atmósfera y expresión.

◄ Réflex de 35 mm, objetivo 24 mm, 1/30 f2, a pulso, Kodak E200 expuesta a 800 ISO (forzada dos diafragmas)

Cuando la película se fuerza, el contraste y el grano aumentan, por lo que esta técnica no se recomienda con una buena iluminación, pero es ideal en interiores o con poca luz. El aumento del grano muchas veces contribuye a dar atmósfera a la foto.

Rebajar la película o exponerla por debajo de su ISO real no es una técnica muy habitual, pero puede ser útil cuando la película se ha expuesto mal por accidente. Si se cambia una película de 100 ISO por otra de 400 ISO sin modificar el ajuste en la cámara, la película se sobreexpondrá. En tal caso, hay que informar al laboratorio para que compense el error con el revelado.

Ajustar la película incorrectamente es más difícil desde que salió el sistema de codificación DX, que lee la sensibilidad de la película y la ajusta automáticamente al cargar el carrete. La lectura del código DX se ha convertido en una característica habitual de las cámaras modernas.

EXTRACCIÓN DE LA PELÍCULA A MEDIO CARRETE

Hay varias razones para sacar la película de la cámara antes de que se acabe: cargar una película más sensible o forzar otra película, pasar del color al blanco y negro o protegerla antes del control de seguridad en los aeropuertos. Si la cámara rebobina la película automáticamente, hay que ver si tiene la opción de dejar la cola fuera del chasis. Si no, se puede comprar un pequeño artilugio de plástico para extraerla o pedir que lo hagan en alguna tienda de revelado. No hay que olvidar etiquetar inmediatamente el carrete con el número de fotogramas expuestos.

QUÉ HACER AL REBOBINAR UNA PELÍCULA USADA SÓLO EN PARTE
- Anotar el número de la última toma
- Rebobinar la película hasta que se oiga que se libera de la bobina de arrastre
- Apuntar el número de toma en la cola de la película
- Arrugar bien la punta de la película para no confundirla con una nueva

QUÉ HACER AL VOLVER A CARGAR LA PELÍCULA
- Anotar el número de la última toma
- Ajustar la velocidad máxima en la cámara
- Cerrar al máximo el diafragma
- Colocar la tapa del objetivo o dirigir éste hacia un fondo oscuro, como la bolsa de la cámara
- Avanzar la película hasta una toma más de la última expuesta

RAYOS X

▸ **Es mejor no someter la película a los rayos X**

La película sin revelar es sensible a la luz y al calor, la exposición a los rayos X puede velarla. Los daños dependerán de la combinación entre la sensibilidad ISO, la potencia de los rayos X y las veces que sea escaneada. Según numerosas pruebas realizadas por Kodak, las películas de sensibilidad media y baja pueden soportar hasta 16 pases por los aparatos que inspeccionan el equipaje de mano en los modernos aeropuertos occidentales. Las películas más sensibles, a partir de 400 ISO, son más delicadas y no conviene exponerlas más de cuatro o cinco veces.

En muchos aeropuertos de países en vías de desarrollo la tecnología es anticuada y la dosis de rayos X puede ser más alta de lo tolerable. El peligro para las películas de ISO media y baja es el efecto acumulativo de la radiación. Uno o dos pases por el escáner puede que no les afecten, pero cinco o seis pueden llegar a velarlas. En un viaje, aunque sea corto, es fácil que se lleguen a pasar media docena de controles.

▸ **Las películas nunca deben dejarse dentro del equipaje facturado**

Para la facturación del equipaje en aeropuertos de todo el mundo actualmente se usan escáneres a altas dosis de CT (tomografía computerizada), que se ha comprobado que velan la película con sólo un pase. Todas las películas sin revelar deben ir en el equipaje de mano y si hay que pasar muchos controles o si un aparato no inspira confianza, pídase una inspección manual.

El personal de seguridad no suele poner problemas para realizar inspecciones manuales, pero hay medios para hacer que la petición sea menos engorrosa. Hay que llevar todas las películas sin los estuches de plástico y dentro de una bolsa o caja transparente (el autor utiliza fiambreras de plástico). Antes de llegar al control, se sacan las películas y se pasa la bolsa de transporte por el aparato, con las cámaras sin cargar. Así se dará a entender que se desea cumplir las normas de seguridad y se facilitará el trabajo a los inspectores. También convendría llegar al control con tiempo, por si hay que esperar en caso de que estén demasiado ocupados para inspeccionar bolsas a mano. Hay que recordar que ellos sólo hacen su trabajo y que, después de todo, es para proteger al viajero, por lo que hay que ser paciente y amable.

Las bolsas forradas de plomo pueden dar cierta tranquilidad. El plomo impide que los rayos X penetren en la bolsa, pero podría motivar que el inspector aumentase la dosis. Con un poco de suerte, la presencia de un sólido paquete negro sólo provocará una inspección manual.

¿CUÁNTOS CARRETES LLEVAR?

▸ **Aunque salga un poco más caro, es mejor llevar de más que de menos**

Si el fotógrafo se queda sin película, nunca se lo perdonará. Comparados con los demás gastos del viaje, la película y el revelado son relativamente económicos, sobre todo al considerar los años que se podrá disfrutar de las fotografías como recuerdo del viaje. Hay que tener en cuenta que lo idóneo siempre es llevar la máxima cantidad posible, en especial si se va a destinos poco usuales. Aunque en los lugares más remotos tengan la película que se desea y cuando se desea, puede que esté caducada o no haya sido tratada adecuadamente, y a menudo será muy cara. Los carretes sobrantes siempre se pueden utilizar más adelante, almacenarse en el frigorífico para el próximo viaje o venderse a un compañero de viaje necesitado.

Vendedor de películas y cerveza, Pinnewala, Sri Lanka

¿Apetece comprar la película en un carrito de bicicleta? Este joven presta un excelente servicio a los viajeros poco previsores; vale más no ser uno de ellos.

▴ Réflex de 35 mm, objetivo 24-70 mm, 1/125 f5,6, Ektachrome E100VS

Es prácticamente imposible recomendar una cantidad concreta de carretes. Por lo general, se necesitan más si se va de aquí para allá que si se está varios días en un mismo sitio. Según afirman los viajeros habituales, unos dos o tres carretes de 36 fotos por semana es adecuado para tener un recuerdo del viaje, pero si se está interesado en la fotografía se necesitarán cinco o seis. El autor calcula 10 carretes al día para un encargo y dos al día para unas vacaciones en familia.

FOTOGRAFÍA DIGITAL

La fotografía digital ha arraigado. Aún en su fase inicial, la venta de cámaras digitales se ha disparado los dos últimos años. La competencia entre fabricantes de cámaras, de película y de electrónica en la producción de cámaras digitales ha provocado la aparición de un número impresionante de modelos, lo cual ha hecho mejorar rápidamente la calidad de la imagen y las prestaciones. El espectacular aumento en las ventas provocó una caída de precios en 2003 hasta el punto de que algunas cámaras compactas sofisticadas quedaron al alcance del comprador e incluso a precios comparables a las compactas convencionales. Todos los que buscan una cámara nueva se preguntan si les conviene una digital. Muchos están ya convencidos. Según un estudio de InfoTrends, en 2004 se iban a vender en todo el mundo unos 53 millones de cámaras digitales. Esperan que el número aumente cada año y prevén unas ventas de unos 82 millones de cámaras digitales para 2008, un salto asombroso desde los 11 millones vendidos en 2000. Hay que decir que, aunque las ventas de cámaras convencionales han bajado desde 2000, en 2003 se vendieron unos 57 millones.

¿DIGITAL O CONVENCIONAL?

Hay que recordar que lo que determina una buena foto es lo que se hace antes de accionar el obturador, no el tipo de cámara.

▸ **La finalidad es una imagen con la exposición correcta, buena luz y buena composición, tanto si se captura en los haluros de plata de una película como en los píxeles de un sensor**

Al igual que con las cámaras convencionales, la elección del equipo digital es importante para asegurar las intenciones creativas del fotógrafo o incluso para no ponerles trabas. Del mismo modo que unos fotógrafos consiguen su propósito con una cámara y un objetivo mientras que otros usan tres cámaras y seis objetivos, la elección entre cámara digital o convencional es sólo otra opción creativa para capturar y presentar imágenes que reflejen su visión personal.

Tanto si se toman digitalmente o con película, las imágenes se pueden mejorar con una hábil manipulación con ordenador y aplicaciones de edición fotográfica, del mismo modo que se puede dar vida a un negativo en la cámara oscura. No obstante, primero hay que capturar toda la información necesaria. Es un error pensar que se puede "rescatar" una imagen digital mal ejecutada con Photoshop (u otro programa de edición fotográfica) y convertirla en una copia impresa de gran calidad que presente toda la gama de tonos y colores de la escena original. El uso de estos programas para corregir errores debería ser un último recurso y no parte de la práctica fotográfica.

Pescador sobre un pilote, Koggala, Sri Lanka

Acurrucados sobre un travesaño de un poste clavado en el lecho del océano, los pescadores de la costa oeste de Sri Lanka eran un desafío fotográfico. Como no se conseguiría una fotografía decente por la tarde, ya que la luz era muy tenue, se volvió a la mañana siguiente. La mejor imagen enfoca a un pescador desde un punto de vista elevado que eliminaba el horizonte (que, de aparecer, cortaba el encuadre en dos). La verticalidad del pilote daba solidez a la composición. El ligero desenfoque y curvatura del extremo de la caña, debido a la picadura del pez, le dio el toque de gracia.

◂ Réflex digital profesional, objetivo 70-200 mm a 200 mm, 1/250 f 5,6, 100 ISO, 3.072 x 2.048, RAW

Cada vez es más fácil viajar con una cámara digital. Hoy en día se pueden encontrar tarjetas de memoria, servicios de transferencia de imágenes, impresión y copias en lugares remotos. Los dispositivos de almacenamiento portátiles permiten la obtención de miles de imágenes. La reducción de peso y el ahorro de espacio de no llevar carretes, por no hablar de la eliminación de los problemas de los rayos X, son incentivos suficientes como para que el fotógrafo de viaje investigue si la fotografía digital le resulta adecuada.

Algunos usan las tarjetas de memoria como si fueran carretes tradicionales, comprando una nueva cuando la primera está llena. Esto elimina dos de las ventajas económicas del sistema digital: la reutilización de la tarjeta y la posibilidad de borrar imágenes no deseadas. Da algo de miedo apretar un botón que dice "Borrar todas las imágenes", incluso cuando ya están impresas y copiados todos los archivos. Hay que confiar en la tecnología. Vale la pena invertir tiempo en experimentar cada paso del proceso digital en casa hasta sentirse cómodo con su funcionamiento. Así luego se podrán aprovechar los servicios que ofrecen las tiendas de fotografía y los cibercafés. La inseguridad ante la tecnología no contribuye al proceso creativo.

Ventajas y desventajas del formato digital

Sin duda la fotografía digital ha atraído la atención, y con motivo: tiene muchas ventajas. Pero no se puede disfrutar de todas las maravillas sin algunos inconvenientes.

VENTAJAS

- visualización instantánea de la imagen; permite comprobar la fotografía y volver a hacerla si no es satisfactoria
- no tiene gastos de película ni revelado
- se puede tirar un número ilimitado de fotografías
- las imágenes no deseadas se pueden borrar e imprimir sólo las mejores (no hace falta pagar todas las copias)
- la función de balance de blancos elimina la necesidad de llevar filtros para corregir el color con luz artificial
- se puede ajustar el valor ISO en cada exposición
- eliminación del peso y el volumen de los carretes
- se elimina el peligro de los rayos X
- se ajusta el tamaño del archivo de la imagen según el uso que se le vaya a dar (impresión o correo electrónico)
- se pueden componer primeros planos con la pantalla de cristal líquido (LCD)
- las imágenes se pueden descargar directamente a un ordenador, eliminando el escaneado
- es ideal para páginas web, correo electrónico y presentaciones de trabajo
- se registra automáticamente la fecha, la hora y características técnicas como la velocidad, la apertura y la focal
- la posibilidad de grabar sonido permite tomar notas habladas
- se puede pasar del color al blanco y negro o al sepia de una fotografía a otra
- se pueden obtener impresiones a los pocos minutos
- las imágenes se pueden enviar por correo electrónico o colgar en una página web al momento
- el coste de las copias es comparable al de las copias de negativo (aunque los precios varían considerablemente)
- es una gran herramienta para aprender debido a su inmediatez
- es divertida

DESVENTAJAS

- es fácil borrar archivos accidentalmente
- se necesita ordenador, periféricos y aplicaciones acordes
- hay que pasar tiempo frente al ordenador para gestionar los archivos
- el retraso entre el momento en que se aprieta el obturador y la captura de la imagen, para que la cámara enfoque y fije la exposición y el balance de blancos, es molesto y puede provocar la pérdida de oportunidades (el retraso varía entre 0,3 y 1,5 segundos, pero puede ser de más de 2 segundos con motivos difíciles de enfocar)
- muchas cámaras digitales tardan cierto tiempo, generalmente de 2 a 5 segundos, en estar listas a partir de la puesta en marcha (algunas máquinas arrancan tan rápidamente como una convencional)
- las cámaras digitales réflex (DSLR) cuestan más que las convencionales de características parecidas
- hay que controlar continuamente la carga de las baterías y recargarlas periódicamente
- si hay polvo en el sensor afecta a todas las imágenes y en muchos casos no se aprecia hasta que las imágenes se amplían al 100% en la pantalla de un ordenador
- alto consumo energético de los sensores, las pantallas LCD, el autofoco, el flash y las funciones de visualización y borrado, que acaba pronto con las baterías
- el retraso en la obturación exige un cambio de técnica para compensar
- el factor multiplicador del objetivo (véase p. 81) requiere una reevaluación de los que se tienen y probablemente provocará la compra de nuevos objetivos (excepto en cámaras profesionales muy caras con sensor a tamaño completo)
- los campos electromagnéticos pueden afectar las tarjetas de memoria
- el tamaño de las copias está limitado por la resolución

Requisitos informáticos

No es necesario disponer de ordenador para tomar o imprimir fotos digitales. No obstante, si se quieren aprovechar todas las posibilidades, el ordenador es una parte integral del equipo del fotógrafo digital. Para procesar rápidamente las imágenes digitales es necesaria una cantidad considerable de memoria RAM. También hay que tener mucho espacio en el disco duro para gestionar las aplicaciones de archivo y mejora de las imágenes. Trabajar con archivos de imagen en un ordenador lento es aburrido. Si ya se dispone de ordenador, conviene comprobar los puertos de conexión necesarios. Si tiene más de tres años y no se compró pensando en la fotografía digital, habrá que actualizarlo. Las características del ordenador varían según la cantidad de fotografías que se tomen y el grado de implicación en el proceso, pero una configuración mínima es:

- disco duro de 1 gigabyte (GB)
- 256 megabytes (MB) de RAM (pero es mejor 512 MB y 1 GB es lo ideal)
- grabador de CD (CD-RW) y/o DVD (DVD-RW)

TOMA DIGITAL

El mundo de la imagen digital parece complicado al principio, pero no tiene por qué. He aquí un resumen de lo que ocurre desde que se aprieta el obturador de una cámara digital:

- El objetivo enfoca la luz sobre un sensor de imagen compuesto por células fotosensibles (en vez de sobre la película)
- La luz se convierte en datos electrónicos y se procesa por un programa de la cámara, que crea un archivo de imagen
- El archivo de imagen se guarda en una tarjeta de memoria extraíble y reutilizable, a veces llamada "película digital"
- La imagen se puede visualizar inmediatamente en la pantalla incorporada de la cámara.
- Se puede borrar la imagen si no es satisfactoria
- Cuando la tarjeta de memoria está llena, se puede sustituir por otra o transferir las imágenes a una unidad de almacenamiento, como el disco duro de un ordenador o un CD
- Se borran las imágenes de la tarjeta de memoria
- Se reutiliza la tarjeta de memoria
- Se pueden obtener copias desde la tarjeta de memoria antes de borrar los archivos, o desde el ordenador o el CD en cualquier momento

Se puede aprender mucho más de la captura digital de imágenes, especialmente si se quiere comprar una cámara. No hay que ser un técnico superior para comprender la tecnología. No obstante, para comprar la cámara adecuada, existen algunos conceptos básicos (y una gran cantidad de argot nuevo) que deben tenerse en cuenta. Comprender los diferentes tipos de cámaras digitales y sus características y funciones puede servir de ayuda a la hora de elegir.

Sensores, píxeles y resolución

El corazón de una cámara digital es el sensor de imágenes, que ocupa el lugar de la película. El tamaño y la calidad del sensor son las variables básicas que afectan al precio de la cámara, al tamaño máximo de impresión y a las características de la imagen en cuanto a color y nitidez. El sensor convierte la luz en datos numéricos que luego se procesan, almacenan y recuperan mediante lenguaje informático. Se fabrican varios tipos de sensores, los más frecuentes son los CCD *(Charge Coupled Device)* y CMOS *(Complementary Metal Oxide Semiconductor)*. En esencia, los sensores son chips semiconductores compuestos por una rejilla de minúsculas células fotosensibles llamadas fotodiodos. Dado que los fotodiodos son monocromáticos, se coloca un filtro de color para poder registrarlo. Cuando la luz incide sobre el fotodiodo, se genera una carga eléctrica. Cada fotodiodo registra la intensidad y el color de la luz y genera el píxel correspondiente, que se sitúa en una rejilla. El número de píxeles en la rejilla determina la cantidad de información registrada. El grado de detalle, nitidez y definición cromática determinado por esta información se denomina resolución. Las imágenes de alta resolución están hechas de millones de píxeles que permiten registrar un gran detalle, nitidez y definición. Las imágenes de baja resolución se componen de menos píxeles y no pueden reproducir todos los datos capturados.

La resolución de una cámara se obtiene multiplicando el número de fotodiodos de los ejes vertical y horizontal del sensor. Esta ecuación da un número total de millones de píxeles, llamados megapíxeles (MP). Un millón de píxeles es un megapíxel. Por ejemplo, una cámara con un sensor de 1.536 x 2.048 píxeles tiene 3.145.728 píxeles y se califica

Templo Pashupatinath, valle de Katmandu, Nepal

Las cámaras digitales compactas pueden dar resultados excelentes. En este caso, sobre un trípode, usando la opción de control manual para elegir una velocidad lenta y deshabilitando el flash, se transmite el ambiente y movimiento del anochecer en el Festival Shivaratri.

▲ Compacta digital estándar, objetivo 5,5-21,8 mm a 5,5 mm, 1/2 f 2,8, 200 ISO, 1.728 x 2.304, JPEG de 4 MP, trípode

como una cámara de 3,2 MP. Este número suele mostrarse en el cuerpo de la cámara y es un primer indicador del precio, de la calidad de imagen y del tamaño máximo de impresión. No obstante, las cámaras no se pueden comparar sólo por la cantidad de píxeles. La calidad real varía según factores como la calidad y el tamaño físico del sensor; la calidad, el tamaño y el espaciado de los píxeles; la forma en que maneja los datos el procesador de la cámara y la calidad del objetivo. En otras palabras, las cámaras con los mismos megapíxeles no tienen por qué ser iguales.

En las especificaciones técnicas de la cámara también se observa una diferencia entre la resolución del sensor y la resolución de la imagen, a veces descrita como "píxeles efectivos", ya que parte del sensor está cubierto con un tinte negro como referencia para establecer un nivel de negro exacto. Parte del sensor también puede usarse para otras funciones, como registrar la hora y la fecha. Lo que importa es el número de píxeles efectivos.

Características del sensor

Al contrario que la película –que se puede cambiar y adaptar a la luz, el tema y las intenciones creativas– el sensor está integrado en la cámara. Por consiguiente, las características del sensor se reflejarán en los archivos de imagen. El conjunto de características del archivo varía de un sensor a otro, pero puede personalizarse en las cámaras avanzadas. Esto es evidente cuando se comparan las cámaras compactas con otras réflex, porque estas últimas tienen fotodiodos mucho mayores. Los fabricantes deciden cómo una imagen tiene mejor aspecto a través de variaciones en el equilibrio de color, la saturación, el balance de blancos y la nitidez. Las características inherentes del sensor deberían considerarse antes de comprar una cámara –para cambiarlas hay que invalidar la configuración inicial o ajustar la imagen con un programa de edición–. Conviene comprobar las diferencias entre distintas cámaras en la tienda, especialmente si el vendedor nos enseña copias impresas. También se pueden leer las observaciones técnicas en sitios web que hayan comprobado las características de los sensores e informen sobre la resolución cromática.

Tamaño del sensor

Determina la calidad de la imagen. Básicamente, es mejor cuanto más grande. En las cámaras compactas, desde las más simples a las de alta calidad, se encuentran sensores de un tamaño que oscila entre los 6 y los 11 mm de diagonal. Los sensores de las réflex miden de 22 a 44 mm. Los de 44 mm se conocen como de tamaño completo, o *full frame*, porque tienen el mismo tamaño que los fotogramas de película de 35 mm y se usan en cámaras profesionales de máxima calidad.

El tamaño del sensor también determina el ángulo de visión del objetivo y su factor de multiplicación (véase p. 81).

Cómo mantener el sensor limpio

Los sensores tienen carga eléctrica y por tanto atraen polvo. Este problema sólo afecta a las réflex, cuando el sensor queda expuesto al cambiar el objetivo. El polvo o suciedad del sensor aparecerá en todas las imágenes. Se puede eliminar con programas de edición, pero lleva mucho tiempo. El efecto del polvo sobre el sensor no se verá hasta que no se amplíe la imagen al 100% con un programa de edición fotográfica. Se puede comprobar el estado del sensor con una fuente de luz intensa. Lo ideal es eliminar el polvo con un soplador sin tener que tocar la superficie. Las partículas más rebeldes pueden precisar el uso de bastoncitos con un fluido limpiador específico para la limpieza de sensores. La mejor herramienta es la prevención: hay que evitar cambiar los objetivos en lugares con polvo o viento.

ISO

Los sensores, como la película, son sensibles a la luz. Pero a diferencia de las películas, la sensibilidad ISO del sensor se puede variar electrónicamente de una exposición a otra para adaptarse a la situación de luz específica o a la voluntad creativa del fotógrafo. Los valores se describen como equivalencias ISO y para que el fotógrafo pueda compararlas con la familiar clasificación ISO de una película (véase p. 47).

La mayor parte de cámaras compactas ofrecen una gama reducida de equivalencias ISO o la alteran automáticamente para adaptarse a las condiciones; generalmente son 100, 200 y 320 ISO. Las cámaras compactas más avanzadas y las réflex ofrecen una gama mayor, con equivalencias ISO menores (25, 50, 64 y 80) y mayores (800, 1.600, 3.200 y 6.400). Algunas cámaras limitan el tamaño de archivo o la calidad en imágenes de baja resolución cuando se dispara con valores ISO de 800 o más (véase p. 62). Al igual que con la película, las imágenes de mejor calidad se obtienen con los equivalentes ISO más bajos y 100 o 200 ISO es un buen valor estándar para la fotografía de viaje en general.

Interferencias

Las interferencias son el equivalente digital del grano (véase p. 47). Al igual que con las películas de alta sensibilidad, fijar un ISO equivalente en una cámara digital provoca una degradación de la imagen. Eso se conoce como interferencias o ruido. Se producen al usar un valor ISO elevado con poca luz porque el sensor no puede registrar la luz disponible, lo que provoca interferencias en la conversión a píxeles y la aparición de huecos, que el procesador llena con píxeles blancos o de color, conocidos como píxeles erróneos. Los sensores grandes producen menos interferencias y permiten escoger una sensibilidad mayor sin que aparezca ruido. Este hecho puede servir para comprobar la calidad del sensor al comprar una cámara, tomando fotografías con su máximo valor ISO, poca luz y exposiciones de un mínimo de 5 segundos y comparando los resultados.

Compresión

Las imágenes digitales de alta calidad requieren capturar y almacenar mucha información, lo que crea grandes archivos que ocupan mucho espacio en la memoria. Para aprovechar al máximo la capacidad de las tarjetas de memoria, los archivos se reducen mediante un proceso matemático conocido como compresión. Las imágenes se pueden comprimir mediante rutinas de compresión sin pérdida de datos o con pérdida. Ambos sistemas reducen los archivos descartando datos. La compresión sin pérdidas no reduce tanto el tamaño del archivo como la compresión con pérdidas, de modo que se gana menos espacio pero no merma la calidad. Cuando un archivo recupera su tamaño original con un programa de edición de imagen, se puede ver toda la información capturada. La compresión con pérdidas permite reducir el tamaño, descartando cada vez más datos según se aumenta la compresión. Cuando el archivo se descomprime, los datos descartados se recuperan mediante un proceso llamado interpolación. Éste deteriora la calidad de la imagen, especialmente si se ha aplicado un alto nivel de compresión. Cada vez que se utiliza la compresión con pérdidas se pierden datos.

Formatos de archivo

Los datos capturados por una cámara para crear una imagen digital se guardan en un formato de archivo que permite su recuperación y procesamiento por programas de edición fotográfica. Hay muchos tipos de formatos de archivo, pero los más comunes en fotografía digital son TIFF (Tagged Image File Format), JPEG (Joint Photographic Experts Group) y RAW.

El TIFF es un formato estándar muy usado para almacenar imágenes destinadas a la impresión editorial. Algunas cámaras compactas de gama alta y réflex ofrecen la posibilidad de almacenar en formato TIFF como opción de máxima calidad. Los archivos TIFF no suelen estar comprimidos y siguen un largo procesamiento tras la toma de la fotografía. Por consiguiente, agotan rápidamente el espacio de la tarjeta de memoria y tardan más tiempo en guardarse, aumentando el retraso entre exposiciones.

La mayor parte de cámaras digitales usan el formato estándar JPEG y su rutina de compresión. Los archivos JPEG se comprimen mediante la compresión con pérdida de datos, que permite un procesamiento más rápido en la cámara y almacenar un mayor número de imágenes en las tarjetas de memoria. Casi todas las cámaras compactas para principiantes presentan una única "resolución". Los modelos de mayor calidad ofrecen diferentes opciones de "resolución" y "calidad"; con la "resolución" se varía el tamaño de la rejilla de píxeles, mientras que la "calidad" fija el grado de compresión JPEG. Éste se puede modificar mediante un control u opción de menú generalmente definido como "Calidad de imagen". Permite almacenar imágenes en una gama de niveles de compresión definidos como "bajo", "medio" y "alto". Los archivos de mayor resolución son los que se comprimen menos. Los más pequeños están muy comprimidos. Cuanto mayor sea la compresión, menor será la calidad (véase p. 63).

Para obtener los mejores resultados, es preferible utilizar el formato de archivo RAW, disponible en algunas cámaras compactas y en todas las réflex. También conocido como negativo digital, es el formato preferido por los fotógrafos profesionales. Los archivos RAW no se procesan en la cámara, se comprimen sin pérdidas, conservan toda la información original capturada y se guardan rápidamente en la tarjeta de memoria. Los ajustes de contraste, saturación, nitidez o balance de blancos se hacen posteriormente, en un ordenador. Entonces se pueden tomar decisiones creativas ajustadas a cada imagen aprovechando las funciones de los programas de edición de imágenes.

Las fotografías tomadas en modo RAW obligan a emplear mucho tiempo frente al ordenador y a tener conocimientos de los programas de edición de imágenes, ya que tienen que procesarse o convertirse para poderlos abrir. Las cámaras con toma de archivos RAW se venden con un *software* específico. La inversión en tiempo y equipo se ve recompensada con unos archivos y copias que aprovechan al máximo las prestaciones de la cámara.

Calidad de imagen y tamaño de archivo

Aunque se dejen todas las funciones en automático, conviene comprender y controlar los parámetros de calidad de imagen y tamaño de archivo. La selección de la calidad de imagen adecuada determinará lo que se podrá hacer con el archivo posteriormente e influye mucho en las opciones de impresión. Por otra parte, condicionará la cantidad de fotografías que se pueden guardar en la tarjeta de memoria. Este proceso marca una de las mayores diferencias entre disparar con una cámara digital o con película.

En todas las cámaras, los archivos pequeños o de baja resolución permiten almacenar la mayor cantidad de imágenes y son ideales para webs o el correo electrónico. No obstante, no son aptos para la impresión. Las imágenes de alta resolución son archivos mayores y ofrecen la mejor calidad en las impresiones, pero ocupan más espacio en la tarjeta, por lo que permiten guardar menor cantidad de imágenes. El tamaño máximo de impresión lo determina el número de píxeles, a mayor número, mayor tamaño. Cabe recordar también que hay otras variables que determinan la calidad (véase p. 58). Las técnicas fotográficas generales, como la sensibilidad, la combinación de apertura y velocidad de obturación, tienen su papel. Sabiendo el uso que tendrán las imágenes se puede seleccionar el nivel de calidad. Esta decisión se puede efectuar imagen por imagen. En caso de duda, conviene disparar con la máxima calidad. Los archivos grandes siempre se pueden reducir mediante programas de edición de imágenes, pero crear un archivo grande a partir de uno pequeño da resultados insatisfactorios.

Resolución en megapíxeles	Resolución en píxeles	Máximo tamaño de impresión (en cm)
0,3	640 x 480	5,3 x 4,0
1,3	1.280 x 1.240	10,9 x 8,6
2	1.600 x 1.200	13,5 x 10,2
3	2.000 x 1.500	17,0 x 12,7
4	2.448 x 1.632	20,8 x 13,7
5	2.560 x 1.950	21,6 x 16,5
6	3.008 x 2.000	25,4 x 17,0
8	3.264 x 2.448	29,2 x 19,3
11	4.064 x 2.704	34,3 x 22,9
13,5	4.500 x 3.000	38,0 x 25,4

La tabla muestra el tamaño máximo recomendado para impresiones de alta calidad en las que se haya seleccionado la máxima calidad de imagen JPEG. Se ha realizado a partir de datos del grupo de trabajo Digital Image Submission Criteria (DISC) (véase "Webs de interés", p. 257). En la tabla se presupone que se usa la imagen en toda su dimensión. Si se recorta, el tamaño máximo de impresión se reduce, a menos que se quiera sacrificar la calidad. Hay opiniones diversas sobre el tamaño máximo de impresión que se puede obtener con cada valor en MP. Los fabricantes de cámaras suelen ser más generosos en sus recomendaciones y éstas varían considerablemente de una cámara a otra. Esta tabla es sólo un punto de partida para las pruebas personales.

Tarjetas de memoria

La mayor parte de cámaras digitales almacenan las imágenes en tarjetas de memoria extraíbles y reutilizables. Se presentan en diferentes formatos, capacidades de almacenamiento, calidades y precios.

Formatos

El formato de tarjeta de memoria que utiliza una cámara viene determinado por el fabricante. Casi todas las cámaras tienen una única ranura para la tarjeta de memoria integrada en su cuerpo, aunque algunos modelos de cámaras cuentan con ranuras para dos tarjetas de memorias distintas. Esta ranura es compatible con un tipo de formato de tarjeta. Los formatos más comunes son: *Secure Digital* (SD), *Multimedia Memory Card* (MMC), *Memory Stick* (MS), *CompactFlash* (CF), *CompactFlash Type 11* (CF11) y *Extreme Digital* (xD).

Otra opción de almacenamiento es el Microdrive. No se trata de un formato de tarjeta, sino de un disco duro en miniatura con las dimensiones de una tarjeta CompactFlash Type 11 y compatible con la mayor parte de de cámaras que aceptan CF11.

Capacidad de almacenamiento

La capacidad de almacenamiento de las tarjetas de memoria se describe en megabytes y gigabytes. Existen tarjetas con una capacidad de 2, 4, 8, 16, 32, 64, 128, 256 y 512 MB y 1, 2, 4, 6 y 8 GB. No todas las tarjetas están disponibles en todas las capacidades. Cuanto mayor sea la capacidad, mayor el precio. El número de imágenes que se pueden guardar varía según la calidad de la imagen o el tamaño de archivo seleccionado, el contenido y la complejidad de la imagen y las diferentes especificaciones de una cámara a otra.

		RESOLUCIÓN EN MP					
		0,3 MP 640 x 480	1 MP 1.200 x 900	2 MP 1.650 x 1.200	3 MP 2.000 x 1.500	4 MP 2.400 x 1.700	5 MP 2.750 x 1.900	6 MP 3.000 x 2.000
CAPACIDAD DE LA TARJETA	16 MB	120-130	30-45	17-19	11-13	8-9	6-7	5-6
	32 MB	230-260	61-90	34-39	23-26	16-19	12-15	10-12
	64 MB	450-520	122-180	68-78	47-53	32-39	24-30	20-24
	128 MB	900-1.040	244-360	136-156	95-106	64-79	48-61	40-49
	256 MB	1.840-2.080	489-720	272-312	191-213	128-159	96-122	80-98
	512 MB	3.600-4.100	978-1.440	544-625	382-426	256-319	192-244	160-197
	1 GB	7.000-8.000	1.956-2.880	1.088-1.251	764-853	512-638	384-489	320-394
	2 GB	n/a	3.900-5.760	2.200-2.500	1.520-1.700	1.000-1.250	750-970	640-750
	4 GB	n/a	7.800-11.500	4.400-5.000	3.000-3.400	2.000-2.500	1.500-1.930	1.250-1.500

La tabla muestra el número aproximado de imágenes que caben en tarjetas de memoria de diferentes capacidades obtenidas con cámaras de distinta resolución. Estas cifras están basadas en JPEG de alta resolución, aunque los resultados pueden variar de una cámara a otra. Esta tabla sólo es una referencia. Para saber la capacidad exacta de cada cámara hay que consultar sus especificaciones.

Monje celebrando la *puja*, Kataragama, Sri Lanka

Empezaba a pensar que no iba a obtener una foto del monje efectuando su ceremonia. Su actividad se centraba en el interior del templo y tenía que mantener al fotógrafo detrás de una cuerda, muy lejos de la acción. Al final, salió a la luz del porche. Un segundo más tarde se había vuelto a meter y se había acabado la *puja*. Fue el único momento en que el factor multiplicador del objetivo resultó útil, al ampliar el zoom de 70-200 mm a 112-320 mm, lo suficiente para conseguir esta imagen.

▲ Réflex digital profesional, objetivo 70-200 mm a 120 mm, 1/100 f 2,8, 100 ISO, 3.072 x 2.048, JPEG de calidad alta

Calidad y precio

Las tarjetas de memoria se fabrican con componentes de diversa calidad y especificaciones para adaptarse a los diferentes presupuestos y necesidades. Las tarjetas más caras de cada gama están hechas con componentes de mayor calidad y tienen una garantía de por vida. En algunos casos ofrecen una mayor velocidad de lectura y escritura. La velocidad de escritura determina la velocidad a la que se registra la imagen en la tarjeta. La velocidad de lectura determina la velocidad con la que se visualiza la imagen en la pantalla LCD. Son factores importantes para que la cámara esté lista lo antes posible para tomar la siguiente imagen. Por otra parte, las tarjetas más caras garantizan el funcionamiento a temperaturas extremas y soportan los rigores a los que se ve sometido el equipo fotográfico de un profesional.

Capacidad de memoria necesaria

Es difícil decidir cuánta memoria se debe llevar en un viaje. En último extremo, generalmente depende de la duración del viaje, de la cantidad de fotografías que se espera tomar, el tamaño de archivo que se seleccione y de cómo se quiere gestionar los archivos. Lo que está claro es que la tarjeta de 8, 16 o 32 MB que viene con la cámara no servirá para mucho. Se necesita una con una capacidad suficiente por lo menos para 72 imágenes (véase la tabla anterior). La decisión puede verse facilitada si se sabe cómo se gestionarán los archivos.

Si se revisan las imágenes y se borran las que no se quieran, probablemente baste con una tarjeta. Hay que recordar que sólo se cuentan las fotografías buenas que se guardan, no las que acaban en la papelera. Una opción para facilitar la revisión y la selección y hacerla más divertida que a través de la minúscula pantalla LCD de la cámara es ir provisto de los cables AV que vienen con la mayor parte de cámaras digitales y conectarla a un equipo de televisión. Casi todas las cámaras son compatibles con los sistemas PAL y NTSC, de modo que se pueden ver las imágenes en cualquier lugar donde haya un televisor. De todas formas, es recomendable llevar una tarjeta extra (véase p. 84).

No obstante, hay quien prefiere ver las fotografías al final del viaje, cómodamente en casa. De esta forma, se puede utilizar un ordenador personal, más ventajoso por su capacidad de proceso superior y su monitor grande. En ese caso, será necesario llevar suficiente memoria para todo el viaje. Lo más recomendable es ir provisto de un dispositivo de almacenamiento portátil (véase p. 83).

Posibles contratiempos

Una de las maravillas de la fotografía digital es que se puede capturar todo un viaje en un trocito de plástico minúsculo. Desgraciadamente, este privilegio puede verse obstaculizado si sucede alguno de los siguientes contratiempos:

- ‣ Se ha retirado la tarjeta de memoria antes de que la cámara haya acabado de escribir en ella
- ‣ La tarjeta de memoria se ha extraído mientras la cámara estaba encendida
- ‣ La tarjeta de memoria *CompactFlash* o el Microdrive se ha introducido sin cuidado. Eso puede dañar los conectores del cuerpo de la cámara, lo que provocaría que no aceptara las tarjetas y una cara reparación

- La tarjeta de memoria queda dañada por un campo electromagnético. Hay que mantenerlas alejadas de televisores, monitores de ordenador, microondas y, especialmente, teléfonos móviles
- El disco giratorio del Microdrive está dañado. Cuando no se usan, los Microdrives son muy robustos, pero cuando están leyendo o escribiendo son muy sensibles
- La batería falla durante la escritura
- La tarjeta de memoria resulta dañada. No son indestructibles. Cuando la tarjeta no está en la cámara, hay que guardarla en un estuche especial que la proteja del polvo y la humedad, de la luz directa del sol y de las fuentes de calor (como con los carretes)
- Se ha perdido la tarjeta de memoria. Son muy pequeñas y fáciles de olvidar
- La unidad que contiene la tarjeta de memoria ha sido robada. Los dispositivos de almacenaje son piezas caras y hay que protegerlas de eventuales robos
- La tarjeta de memoria ha quedado inutilizada o se ha corrompido por un mal uso o un virus informático

Si el problema es técnico, el *software* de recuperación de datos es barato y efectivo. Algunas tiendas de fotografía disponen de este servicio. Otra opción es descargarse una aplicación de Internet y hacerlo personalmente (véase p. 257).

Monte Everest desde Gokyo Ri, Parque Nacional de Sagarmatha, Nepal
Añadir otra cámara a la mochila, ya pesada, en un *trekking* de 20 km sólo por ver el resultado del formato digital no parecía tan buena idea al inicio de la ascensión a Gokyo Ri. El frío (-5°C) y la altitud (5.483 m) son una dura prueba para cualquier cámara y sus baterías. La cámara pasó la prueba dando unos estupendos colores, y la oportunidad de revisar las imágenes por la noche compensó de sobras el peso extra.

▲ Compacta digital avanzada, objetivo 6,3-63,2 mm a 14 mm, 1/500 f 6,3, 80 ISO, 2.304 x 1.728, JPEG de 4 MP

CARACTERÍSTICAS DE LA CÁMARA

Los usuarios de cámaras convencionales reconocerán muchas de sus prestaciones en las digitales, como los diferentes modos de exposición, la medición de luz, las opciones de flash o de tema, la compensación de exposición, el horquillado automático y la previsualización de la profundidad de campo. No obstante, hay numerosas prestaciones exclusivas del formato digital.

Visor electrónico

La mayor parte de cámaras digitales compactas tienen el típico visor óptico, pero algunas de las avanzadas presentan un visor electrónico (Electronic ViewFinder, EVF). Su principal ventaja es que permite ver a través del objetivo, sin tener que pasar a la pantalla LCD para un primer plano. Los datos y las imágenes visionadas en la pantalla también se ven en el visor, de modo que no hay que apartar la cámara del ojo para ver la fotografía que se acaba de tomar. Los EVF tienen desventajas: presentan un color pobre, las imágenes tienen grano, son blanquecinas o llenas de rayas verticales a contraluz y gastan batería.

Pantalla de cristal líquido

Las cámaras digitales tienen una pantalla de cristal líquido (Liquid Crystal Display, LCD) en la parte posterior. Ésta es una de las diferencias físicas más evidentes entre las cámaras convencionales y digitales. La pantalla permite visualizar las imágenes y puede servir como alternativa al visor óptico para el encuadre. También da acceso a los menús de control y a las especificaciones. El tamaño de la pantalla varía según la cámara, la mayor parte mide de 4 a 5 cm de anchura. En general, las pantallas más grandes facilitan la visualización. Algunas pantallas se ven mejor con luz brillante que otras; conviene comprobar el funcionamiento de la pantalla con diferente luz.

Si la cámara tiene un visor óptico es mejor acostumbrarse a encuadrar a través de él. Desde la pantalla puede ser difícil cuando hace sol. Y lo más importante: consume muchísima energía. No obstante, casi todos los visores muestran entre el 80 y el 90% del campo de visión, así que a veces es recomendable usar la pantalla para la composición, puesto que muestra exactamente lo que ve el objetivo. En general se debe usar para encuadrar con precisión y, especialmente, cuando el motivo está a menos de un metro. También es necesario usar la pantalla al utilizar el zoom digital, porque el efecto no se puede ver a través del visor óptico. Algunas pantallas son articuladas y se pueden doblar y girar, lo cual permite ajustarlas para verlas mejor en exteriores, con una luz natural intensa. También es una herramienta excelente para variar el punto de vista rápidamente. Se puede fotografiar usando un ángulo muy bajo sin necesidad de echarse al suelo o en grandes aglomeraciones se puede sostener la cámara por encima de la cabeza de la gente.

Revisión de imágenes

Las fotografías se pueden revisar en diversos formatos: de una en una, en una serie de imágenes minúsculas (llamadas de índice o *thumbnails*) o, también, en forma de proyección de diapositivas (aparecen una tras otra durante unos segundos). También se pueden ampliar para comprobar detalles como la expresión de la cara o para confirmar la nitidez con una función llamada zoom de revisión. El grado de ampliación varía de un modelo a otro, pero todos permiten moverse por la pantalla para ver las diferentes partes de la imagen con un controlador de cuatro direcciones.

▶ **Hay que concentrarse en disparar; la revisión vendrá luego**

Conviene no adquirir el hábito de revisar cada imagen cuando se toma: la mayor parte de cámaras tardan uno o dos segundos en mostrar la imagen en la pantalla y mientras se espera y se mira la fotografía que se acaba de tomar puede perderse otra mejor.

Al revisar las imágenes para decidir cuáles borrar debe utilizarse siempre la herramienta de ampliación para comprobar el enfoque y la nitidez; hacerlo bien en una pantalla LCD requiere tiempo y práctica. Incluso con herramientas de ampliación potentes, es impo-sible estar seguro de la nitidez de una fotografía en una pantalla de 5 cm. En caso de duda, es mejor no borrar. Vale la pena esperar hasta poder analizarla en el monitor del ordenador.

Histogramas

También es difícil determinar si la exposición es correcta en una pantalla LCD minúscula que cambia de aspecto con la mínima variación del ángulo de visión. Con la práctica se adquiere cierta seguridad sobre la corrección de las exposiciones. La fotografía digital ofrece una solución más inmediata en forma de histograma. Los histogramas son representaciones

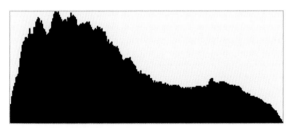

◀ **Histograma**

Representación gráfica de la imagen inferior que muestra la distribución de los píxeles por toda la gama tonal de la imagen y su peso relativo en las sombras, medios tonos y luces.

Elefantes bañándose, Pinnewala, Sri Lanka

La hora del baño de unos sesenta elefantes en el orfanato de elefantes de Pinnewala es una de las imágenes más impresionantes de Sri Lanka. Durante dos horas beben, se lavan y juegan en el río para deleite de los cientos de turistas de la orilla y restaurantes próximos. Acercarse no es problema; el truco es aislar un momento interesante, como esta cría saliendo del agua protegida por dos adultos.

◀ **Réflex digital profesional, objetivo 70-200 mm a 70 mm, 1/200 f4, 100 ISO, 3.072 x 2.048, RAW**

gráficas de la distribución de los píxeles en una imagen, mostrando su peso relativo en las sombras, medios tonos y luces. El histograma se detalla en la pantalla LCD. En casos normales, los píxeles deben estar repartidos por el eje horizontal, con la mayor parte en el centro, lo que indica que se han registrado todas las luces con detalle. El histograma es una prestación avanzada de la que no disponen todas las cámaras.

Datos de la imagen

Muchas cámaras graban y almacenan información de cada fotografía al tomarla con el formato EXIF (Exchangeable Image Format). Datos como la fecha, la hora, la velocidad de obturación, la apertura, la distancia focal (incluso con zoom), las especificaciones de calidad de imagen, el tamaño y el formato de archivo se graban automáticamente. En las cámaras avanzadas estos datos se incorporan al archivo de imagen y se pueden ver en la pantalla de cristal líquido al visualizarla. También se puede acceder a los datos EXIF cuando el archivo se visualiza en un PC desde el menú Archivo>Información de archivo. Esta opción abre un cuadro de diálogo que muestra los datos o permite introducir información general. Es una herramienta de aprendizaje excelente y mucho mejor que tomar notas.

Modalidad de vídeo

Una característica cada vez más frecuente en toda la gama de cámaras digitales compactas es la modalidad de vídeo, que permite la captura de imágenes en movimiento. Las réflex no pueden grabar vídeo. Según la cámara, la duración de la filmación varía entre unos 15 segundos y una grabación continuada (limitada sólo por la capacidad de la tarjeta de memoria). En caso de que la grabación de vídeo sea una prioridad, es importante comprobar la relación de imágenes. Menos de 15 fotogramas por segundo (fps) da un resultado entrecortado. De hecho, 15 fps es una calidad mínima. Se necesitan unos 20 fps para que la filmación tenga el aspecto de un vídeo normal. Hay que tener en cuenta que el vídeo agota las baterías rápidamente y ocupa mucha memoria.

Grabación de sonido

Algunas cámaras tienen un micrófono incorporado que permite la grabación de sonido con el vídeo o añadir breves anotaciones habladas a las fotografías fijas. Las grabaciones suelen estar limitadas entre 5 y 20 segundos. En el momento de hacer la fotografía se puede grabar información importante para identificar después el tema y facilitar la edición y clasificación.

Modalidad de ráfaga

Para remediar la molesta espera entre disparos, casi todas las cámaras tienen una modalidad de ráfaga, que permite tomar varias fotografías seguidas. Varía de una a otra, pero en las compactas avanzadas la ráfaga típica produce dos o tres disparos por segundo, con un máximo de cinco o seis disparos en una ráfaga. Para conseguirlo, las imágenes se toman a una resolución inferior o, preferiblemente, las imágenes de alta resolución se guardan en la memoria intermedia y se procesan todas al final de la ráfaga. Este modo es muy útil para imágenes de acción o temas en movimiento. También resulta útil para retratos, en los que las expresiones faciales cambian rápidamente. Hay que recordar que la cámara necesita procesar los archivos en algún momento, así que hay que anticiparlo para que no se encuentre escribiendo en la tarjeta en el momento álgido de la acción.

Memoria intermedia

Las cámaras digitales tienen una memoria propia o intermedia donde se procesan los datos capturados para convertirlos en un archivo de imagen que luego se graba en la tarjeta de memoria. La cantidad de memoria determina la cantidad de disparos de una ráfaga antes de procesar las imágenes.

Adaptador AC

Las cámaras con un adaptador AC se pueden conectar a la toma de corriente doméstica. Ello permite recargar las baterías dentro de la cámara y usar corriente alterna mientras está conectada al ordenador, reduciendo la posibilidad de errores durante la transferencia de imágenes.

Salida de vídeo

Las cámaras con salida de vídeo se pueden conectar directamente a un televisor y ver las imágenes en pantalla grande usando la modalidad de revisión de la cámara.

Baterías

De lo dicho se deduce que las cámaras digitales consumen mucha energía. Al contrario que las cámaras convencionales, a una digital no se le puede poner una pila nueva y esperar que dure todo un mes. La cámara consume energía en cada acción: el encendido y apagado, el uso de la pantalla, el zoom y el enfoque, el uso del visor electrónico, la revisión y el borrado de imágenes, el disparo del flash, la utilización de objetivos estabilizadores, la grabación de imágenes en la tarjeta y la transferencia de archivos. En otras palabras... ¡en todo!

Algunos modelos incluyen utilidades de ahorro de energía. Aun así, la gestión de las baterías es un tema serio en ruta y debe tenerse en cuenta a la hora de comprar la cámara. Conviene que sea con batería recargable –la mayoría lo son–. Hay que evitar las cámaras que usan pilas normales alcalinas AA o AAA, porque sólo alcanzan para 20 o 30 disparos. Los tipos de batería más comunes son tres; todos con sus ventajas e inconvenientes:

- Las baterías recargables AA de níquel-cadmio (NiCd) sufren lo que se conoce como el "efecto memoria", que provoca una pérdida de su capacidad si no se descargan del todo antes de recargarlas. No obstante, pueden recargarse hasta mil veces
- Las baterías de níquel-hidruro metálico (NiMH) tienen una capacidad mucho mayor en cada carga que las de NiCd y se pueden recargar en cualquier momento. Son sólo algo más caras que las de NiCd si se tiene en cuenta la vida total de la batería y son más baratas que las alcalinas El inconveniente es que sólo se pueden recargar unas quinientas veces
- Muchas cámaras usan baterías de ión de Litio (Lion). Son las más caras pero ofrecen la mayor capacidad por carga. Muchas baterías Lion son específicas para un tipo de cámara, lo que implica llevar recambios, ya que no es seguro encontrarlas en ruta

No hay que salir de casa sin:

- una batería de recambio
- un juego de pilas no recargables si la cámara usa pilas AA o AAA (en caso de que no sea posible la recarga)
- adaptadores con transformador
- el cargador de la batería y los cables

CONTROLES DE LA CÁMARA

Casi todas las cámaras digitales de calidad tienen una gama de controles de color y creativos ajustables a las preferencias del fotógrafo. Las cámaras menos sofisticadas suelen disponer de una selección de tres programas fijos. Las mejores cámaras ofrecen ajustes progresivos para mayor precisión. Si la intención es imprimir directamente de la tarjeta de memoria, es útil experimentar con estos controles, pero si se van a volcar las imágenes en un ordenador, conviene dejar la mayor parte de las opciones en automático o deshabilitadas. Una vez grabado el archivo, el resultado de los ajustes de imagen no se puede alterar. Por otra parte, los programas de edición fotográfica ofrecen más opciones y ajustes más específicos que la cámara. Los procesos adicionales de la cámara amplían el tiempo de espera entre disparos y gastan batería.

En las cámaras convencionales el color se puede alterar con la elección de la película (color, blanco y negro, luz natural o tungsteno), con las diferentes marcas y los filtros. Las cámaras digitales estándar ofrecen opciones básicas como selección de color, blanco y negro o sepia. En las cámaras avanzadas es posible controlar el perfil de color, el contraste y la saturación. Todas las cámaras tienen ajuste del balance de blancos, pero en los modelos más económicos no se puede modificar.

Perfil de color

Hace referencia al espectro de colores disponibles para crear la imagen. La mayor parte de cámaras digitales usan el perfil de color Rojo-Verde-Azul, conocido como RGB (red, green, blue). Viene determinado por el fabricante y afecta poco a los usuarios de las compactas. Las réflex ofrecen un perfil de color alternativo conocido como Adobe RGB, con una gama de colores más amplia.

Saturación

El color se puede dejar natural o con varios grados de saturación. Al saturar el color en una cámara compacta estándar se aumenta la intensidad del color de la imagen. Muchas compactas están configuradas con una saturación alta por defecto, aunque se puede corregir manualmente. Las cámaras más avanzadas permiten variar la saturación con mayor precisión.

Balance de blancos

Todas las cámaras digitales tienen una función automática de balance de blancos que ajusta los colores para asegurarse de que el blanco se registra como blanco con cualquier luz. Muchas tienen opciones preprogramadas que suelen incluir la iluminación con luz fluorescente. Cada vez más modelos cuentan con una opción para nubes o sombra y algunas ofrecen ajustes según el tipo de fluorescente. Otros modelos disponen de las opciones de "puesta de sol" y "flash". Muchos modelos caros incluyen una opción "personal" o de "un toque" que permite medir el color de la luz ambiental y aplicar la corrección correspondiente.

Contraste

Es la diferencia entre las partes más claras y más oscuras de la imagen. El control del contraste permite al fotógrafo cambiar el número de tonos intermedios entre las sombras más oscuras y las luces más brillantes. Una imagen de contraste alto tiene más píxeles

Stupa de Swayambhunath, valle de Katmandu, Nepal
Tres imágenes tomadas con una cámara compacta de 4 MP a diferente resolución y ampliadas
a 20 x 25 cm.

▲ Compacta digital avanzada, objetivo
6,3-63,2 mm a 7mm, 1/350 f4,8,
100 ISO, 1.728 x 2.304, JPEG a
resolución alta (la mejor)

▲ Compacta digital avanzada, objetivo
6,3-63,2 mm a 7mm, 1/350 f4,8,
100 ISO, 1.242 x 1.656, JPEG a
resolución media (mejor)

▲ Compacta digital avanzada, objetivo
6,3-63,2 mm a 7mm, 1/350 f4,8,
100 ISO, 900 x 1.200, JPEG a resolución
baja (buena)

en blanco y negro que una imagen con contraste normal. Un problema de las cámaras compactas es su gama dinámica limitada, es decir, la gama de niveles de luz que puede registrar el sensor. Esto puede provocar imágenes quemadas o sobreexpuestas, con brillos o saturadas; o subexpuestas y con sombras en exteriores con mucha luz. La gama dinámica puede ampliarse ligeramente reduciendo el valor del contraste. Sólo se recomienda alterar el contraste de la cámara si las imágenes se van a ver en un monitor o se van a imprimir directamente desde la tarjeta de memoria.

Nitidez

Se puede conseguir que las imágenes parezcan más nítidas o difusas usando un filtro que aumenta o disminuye el contraste entre los objetos fotografiados. Si se abusa del control de nitidez se pueden producir líneas blancas o negras en los bordes de mayor contraste, lo que degrada la calidad de la foto. Sólo se recomienda su uso si las imágenes van a verse en un monitor o se van a imprimir directamente.

Bailarín enmascarado en el Festival Mani Rimdu, Tengboche, Parque Nacional de Sagarmatha, Nepal

La mayor parte de cámaras digitales compactas tardan un instante desde que se presiona el obturador al momento de la exposición. Eso resulta bastante molesto al principio, especialmente si el sujeto se mueve. El retraso puede reducirse enfocando el motivo apretando el botón del obturador a medias y manteniendo bloqueado el enfoque hasta que se quiere tomar la foto.

‹ Compacta digital avanzada, objetivo 6,3-63,2 mm a 61 mm, 1/350 f3,6, 80 ISO, 1.728 x 2.304, JPEG de 4 MP

ANTES DE COMPRAR

En la categoría de compactas existe una impresionante variedad de cámaras digitales. Cada semana aparecen nuevos modelos con funciones más sofisticadas y tecnología punta. Es fácil quedar abrumado con tanta oferta y confundirse con las nuevas tecnologías y tecnicismos. Quien esté pensando en comprar una cámara digital debería tener en consideración:

‣ **cuánto se quiere gastar**
‣ **qué uso va a dar a las fotografías**
‣ **qué tipo de fotografías quiere tomar**

Si sólo se necesita tomar imágenes digitales para enviar por correo electrónico, usarlas en webs o en presentaciones por ordenador, bastará con una cámara compacta sencilla con un sensor de 1 MP. Si se quiere hacer copias de tamaño postal para un álbum, con alguna ampliación ocasional hasta 20 x 25 cm, una cámara de 2 a 3 MP puede servir. Si se toman miles de imágenes y se quieren obtener resultados comparables a los de las diapositivas, imprimibles en tamaños de hasta 40 x 50 cm, hay que plantearse la compra de una réflex profesional con un sensor de 6 MP. También es el mínimo para conseguir una calidad suficiente para la impresión en libros y revistas.

Existen dos tipos de cámaras digitales interesantes para los viajeros: las compactas y las réflex. Las más caras suelen ser las de mayores prestaciones y componentes, construcción y óptica de mejor calidad. Eso significa más píxeles, de mayor tamaño, mayores sensores, más memoria intermedia y un *software* de procesamiento de imágenes más elaborado y veloz. La forma más inmediata para hacerse una idea de la oferta y determinar el gasto según las necesidades es conectarse a Internet. La red es una gran fuente de información, especialmente cuando se adquiere familiaridad con la tecnología y la terminología. Ofrece mucha información sobre todos los aspectos de la fotografía digital, incluidos informes de pruebas, comparaciones de cámaras, especificaciones técnicas, guías de precios, opiniones personales, imágenes de muestra, publicidad de los fabricantes y valiosa información actualizada sobre la compra y el uso de cámaras digitales.

También es buena idea visitar una tienda grande. Un buen vendedor sabrá acotar las posibilidades a las necesidades y al presupuesto del comprador. Conviene familiarizarse con estas cámaras y tomar fotos por la tienda y alrededores. Es la única forma de descubrir qué cámaras son más ergonómicas, dan sensación de equilibrio, resultan fáciles de usar, pesan mucho o poco o son demasiado grandes o pequeñas. También se podrá decidir si los controles y los menús son de fácil acceso y manejo y si resulta cómodo tomar, revisar y borrar imágenes. Se debería acceder a todos los controles apretando menos de tres veces cualquier botón.

Visitando tiendas se observará la variación de precios, especialmente cuando un modelo está a punto de ser reemplazado. La garantía se debe comprobar siempre. Es muy importante si se compra por Internet o en el extranjero. También hay que asegurarse de que tiene vigencia en el país del comprador y en los que se quiere visitar. En cualquier caso, los primeros días se debe utilizar la cámara de forma intensiva, para detectar cualquier problema inmediatamente. Siempre se puede adquirir una cámara, sacarla de su envoltorio, ponerla en automático y obtener buenas fotografías. Pero para prevenir problemas, conviene comprar la cámara con antelación para familiarizarse con todas sus funciones y posibilidades, especialmente si se trata de la primera cámara digital.

Los precios indicados son aún más susceptibles de cambios que los del equipo fotográfico convencional. Un año es mucho tiempo en la industria de la fotografía digital y los precios, las prestaciones y el rendimiento de los productos cambia a gran velocidad. Conviene recabar antes opiniones, comentarios y consejos de diferentes fuentes. Los precios indicados se deben considerar como una referencia y no pueden sustituir una exhaustiva investigación personal actualizada.

Cámaras digitales compactas

Ideales para tomar fotografías sin complicarse la vida y viajar con poco equipaje.

VENTAJAS

- no precisan accesorios
- fáciles de usar
- buena opción como cámara de apoyo para los usuarios de una réflex
- sensores de imagen entre 0,3 MP y 8 MP
- en su mayoría tienen una modalidad completamente automática y flash y zoom incorporados
- modelos para todos los presupuestos
- en su mayor parte admiten tarjetas de memoria extraíbles y reutilizables
- casi todas cuentan por lo menos con tres configuraciones de calidad de imagen
- son pequeñas, ligeras y caben en un bolsillo o bolso
- muchos modelos disponen de carcasa sumergible
- existen modelos resistentes a la humedad
- amplia gama de tamaños y estilos

DESVENTAJAS

- no se pueden cambiar los objetivos
- los modelos más baratos tienen objetivos de baja calidad
- los precios son más elevados que los de las cámaras convencionales de calidad y prestaciones comparables
- algunas cámaras limitan el tamaño de archivo con valores ISO elevados
- los objetivos tienen mayor profundidad de campo que las cámaras convencionales de 35 mm, lo que provoca que el enfoque selectivo (dejando el fondo desenfocado) resulte difícil de conseguir
- el encuadre se complica cuando se compone a través de un visor óptico
- cuando se visualiza a través de un visor electrónico o la pantalla de LCD se consume energía

Compactas básicas

La gama de cámaras digitales compactas empieza en las sencillas cámaras de apuntar y disparar de objetivo fijo, una pequeña pantalla LCD y un flash de poca potencia que se acciona automáticamente cuando hay poca luz (pero que no se puede desactivar). Tienen una resolución baja, con sensores de entre 0,3 y 1 MP. La memoria está integrada y en algunos casos no aceptan tarjetas de memoria. El foco es fijo o tiene un autofoco sencillo controlado por un sensor en el centro del encuadre. El valor ISO se establece de forma automática y no se puede alterar. Tampoco es posible efectuar el balance de blancos. Los precios van de 80 a 100 €. Estas cámaras ofrecen un medio económico de capturar imágenes para enviar por correo electrónico, usar en Internet o presentaciones por ordenador, pero no son aptas para la impresión. En muchos casos están destinadas a los niños y no son recomendables para quien quiera tomar buenas fotografías.

Por algo más de dinero se puede comprar una cámara con un sensor de 2 MP y una tarjeta de memoria extraíble. Estas cámaras siguen siendo muy sencillas pero con los mejores modelos de esta gama se pueden obtener copias de una calidad razonable de hasta 15 x 20 cm. Los modelos más económicos tienen sensores CMOS baratos que dan un color de muy baja calidad y unas imágenes con mucho grano. Los precios oscilan entre 150 y 200 €.

Compactas estándar

Mucho más recomendable es el tramo siguiente de compactas, con sensores de 3 a 4 MP. Las cámaras de 3 MP de esta categoría han sido las primeras en dar fotografías de buena calidad por un precio asequible, por lo que se han convertido en la opción preferida para la fotografía familiar y de ocio, dejando las compactas de 35 mm y las APS convencionales fuera del mercado. Ofrecen resultados similares a la película, aunque el tamaño de impresión queda limitado a un máximo de 25 x 20 cm. Los precios oscilan entre 300 y 400 €. En modo automático son cámaras de apuntar y disparar, pero tienen prestaciones que permiten controlar en cierta medida la composición y la exposición. Suelen presentar:

- zoom óptico 3x
- enfoque automático, a menudo con opción manual y posibilidad de macro hasta 10 cm o menos
- flash incorporado con opción de reducción de ojos rojos, flash de relleno, flash nocturno o anulación del flash
- bloqueo del enfoque
- pantalla LCD
- moderada gama de zoom de unos 6-18 mm (equivalente a 36-108 mm en 35 mm)
- visor óptico
- modalidades predefinidas de retrato, paisaje, acción y primer plano
- sensor de orientación para rotar las imágenes verticales
- botón de borrado rápido
- botón de revisión rápida
- ranura para una tarjeta de memoria extraíble
- tres opciones de calidad de imagen
- diversas opciones de revisión de imágenes
- varios niveles de control manual

Compactas superiores

Las cámaras digitales compactas de gama alta van un paso más allá en cuanto a funcionalidad, prestaciones, rendimiento y calidad de imagen. Están dirigidas a personas que quieren un mayor control en la toma de fotografías pero sin cargar con el peso y el bulto de una réflex. Se puede esperar una calidad de imagen excelente en copias de hasta 40 x 50 cm, aunque algunos fabricantes afirman que se pueden obtener copias de 50 x 76 cm con una calidad equivalente a la de las cámaras convencionales. Algunos modelos disponen de potentes zooms ópticos de 6, 8, 10 o 12x. Son más grandes que las compactas tradicionales para que quepa el objetivo; tienen el aspecto y dan la sensación de ser un cruce entre una compacta y una réflex. Las cámaras de esta categoría tienen sensores de 4 a 8 MP y sus precios oscilan entre 500 y 1.000 €. Muy convenientes para la fotografía de viaje con cámara digital si no se quiere usar una réflex. Ofrecen lo mismo que las compactas estándar más otras muchas prestaciones, como:

- zoom óptico 4-5x
- dioptrías del visor ajustables
- modo de ráfaga
- controles para ajustar el color, el contraste y la nitidez
- zoom digital
- fabricación y componentes de excelente calidad
- óptica de excelente calidad
- bloqueo del enfoque y la exposición
- zapata para flash externo
- presentación de datos de los archivos de imagen
- mayor gama ISO
- más opciones de balance de blancos
- modalidades de exposición manual
- sensores de enfoque automático multipunto para sujetos descentrados
- temporizador
- objetivos convertidores y filtros
- grabación de sonido
- modalidad de vídeo

Cámaras digitales réflex DSLR

Las cámaras DSLR se parecen a sus equivalentes de película. Lo mejor para hacer buenas fotografías de viaje. Además de considerar las prestaciones específicas, véanse las indicaciones generales para la compra de una réflex convencional en p. 36.

Existen cámaras DSLR en una amplia gama de precios, con sensores de tamaños diversos y diferente calidad. Actualmente el precio de partida es considerablemente más alto que el de sus equivalentes réflex de película de 35 mm, pero la oferta aumenta y los precios bajarán.

VENTAJAS

- opción de funcionamiento automático, lo que las hace fáciles de usar
- objetivos intercambiables y accesorios para cualquier aplicación
- más memoria intermedia para reducir el intervalo entre disparos
- la mayoría tienen flash integrado
- la mayor parte de modelos tienen sofisticados fotómetros y objetivos con enfoque automático
- el motivo se ve a través del objetivo
- normalmente se basan en cámaras convencionales existentes, lo que permite el uso de los mismos objetivos

DESVENTAJAS

- más pesadas y voluminosas que las compactas
- puede ser necesario actualizar el equipo informático y el *software*
- el factor multiplicador del objetivo puede obligar a comprar nuevos objetivos
- más caras que las compactas con un sensor equivalente en MP
- más caras que las cámaras convencionales comparables

Réflex estándar

La categoría de réflex estándar ofrece máquinas accesibles para los que usan por primera vez cámaras réflex. Son compactas, ligeras y pueden ir provistas de zooms económicos, aunque lentos, para mantener un buen precio. A menudo se puede comprar sólo el cuerpo, de modo que se pueden aprovechar los objetivos réflex de cámaras convencionales. La mayor parte tiene sensores con un mínimo de 6 MP, con los que se pueden obtener excelentes copias impresas semejantes a las de película de hasta 33 x 48 cm. Los precios están sobre los 1.000 € sólo el cuerpo y los 1.500 € con un zoom estándar. La lista de prestaciones es larga e incluye:

- dioptrías del visor ajustables
- modo de ráfaga
- ranuras *CompactFlash Type 11* que aceptan tarjetas de alta velocidad y *microdrives*
- ajuste del color, contraste y nitidez
- bloqueo del enfoque y la exposición
- histograma
- zapata para flash externo
- presentación de datos de los archivos de imagen
- modalidad de exposición manual
- sensores de enfoque automático multipunto
- sensor de orientación para rotar las imágenes verticales
- grabación de archivos RAW
- temporizador
- amplia gama de ajustes de tamaño de archivo y compresión

Réflex profesionales

Están orientadas al aficionado experto y al fotógrafo profesional y tienen sensores de entre 4 y 14 MP que se ajustan a las diferentes necesidades de trabajo. Se pueden obtener copias de excelente calidad de hasta 50 x 40 cm. Las mejores cámaras de esta gama ofrecen lo último en fotografía digital réflex e incluyen modelos con sensores a tamaño completo. Los precios oscilan entre 2.000 y 3.000 € o incluso más (sólo por el cuerpo). Son más voluminosas y robustas que las réflex estándar y presentan todas las prestaciones anteriores además de incluir una amplia lista de funciones y controles de proceso de imágenes más sofisticados, como:

- fotometría avanzada
- especificaciones adaptadas a usos profesionales específicos
- opciones de perfil de color
- estructura de gran calidad
- amplia gama ISO
- múltiples posibilidades en el balance de blancos
- enfoque automático rápido
- buen ajuste de la nitidez, el contraste, la saturación y el tono de color
- ráfagas de alta velocidad
- más posibilidades de tamaño de archivo y compresión
- mayor rango de temperaturas para trabajar con seguridad en temperaturas extremas
- gran memoria intermedia
- opción manual de todas las funciones automáticas
- intervalo entre disparos despreciable (en su mayoría menor de 0,3 segundos)
- modalidad de limpieza del sensor

OBJETIVOS PARA CÁMARAS DIGITALES

La calidad del objetivo es tan importante en la fotografía digital como en la convencional (véase p. 24), pero también hay algunas características y aspectos particulares de las cámaras digitales que hay que conocer.

Zooms ópticos y digitales para cámaras digitales compactas

La mayor parte de cámaras digitales compactas disponen de zoom, que puede ser óptico, digital o de ambos tipos. El rango de distancia focal de los zooms varía de una cámara a otra y para los fabricantes es un factor primordial para la venta. También suelen indicar si se trata de un zoom óptico o digital. El rango o potencia del zoom se expresa con un número seguido de una x. Un objetivo con un rango de distancia focal de 6,3-63,2 se define como un zoom 10x. Si la cámara también dispone de un zoom digital 3x, se dirá que tiene un zoom óptico 10x con un zoom digital 3x y un zoom total 30x. Los zooms ópticos son mucho mejores.

Los zooms ópticos funcionan acercando y alejando físicamente la lente del cuerpo de la cámara, variando la distancia focal. El zoom digital usa el procesador de imagen de la cámara para ampliar una porción de la imagen, creando y añadiendo píxeles mediante interpolación, que da la ilusión de acercar la imagen. Los zooms digitales pueden parecer potentes, pero a menudo los resultados son decepcionantes debido a que los píxeles generados producen una pérdida de nitidez y contraste. La vibración de la cámara también puede ser un problema (véase p. 96). Se puede conseguir el mismo efecto en un ordenador de forma mucho más satisfactoria, debido a que el proceso de interpolación es de mayor calidad, se controla mejor y se trabaja con un archivo mejor, capturado con el zoom óptico.

Si la cámara dispone de ambos zooms puede que haya que activar el digital a través del menú. Si no, utilizará primero el zoom óptico y luego pasará al digital para mantener la continuidad. Las mejores cámaras indican cuándo se ha excedido el rango de zoom óptico y se está encuadrando con el zoom digital. El efecto del zoom digital no se puede observar a través de un visor óptico; hay que encuadrar con la pantalla LCD o con el visor electrónico.

Objetivos convertidores para cámaras digitales compactas

Las cámaras digitales compactas no disponen de objetivos intercambiables. No obstante, algunas compactas superiores aceptan convertidores, o auxiliares, que se encajan o enroscan en la parte frontal del objetivo principal. Estos objetivos son accesorios ópticos. Los convertidores gran angular aumentan el campo de visión; los teleobjetivos agrandan la imagen; y los de primeros planos permiten fotografías macro. Estos accesorios son una solución económica para aumentar las opciones de composición sin gastar en un equipo réflex. Al igual que ocurre con los accesorios ópticos tradicionales, es desaconsejable comprar objetivos convertidores baratos. Una óptica de mala calidad degradará el archivo de imagen. Un problema del convertidor gran angular es la distorsión que produce. Obsérvese también que la luminosidad del objetivo se reduce hasta en dos puntos. También son accesorios muy pesados y pueden desequilibrar la cámara. Sólo se pueden usar con la pantalla LCD o un visor electrónico, por lo que gastan mucha energía. Las cámaras con visores electrónicos tienen opciones de ajuste específicas en el menú que hay que activar al usar convertidores.

Objetivos para cámaras digitales réflex

La mayor parte de los cuerpos de cámaras réflex se basan en los sistemas convencionales y aceptan objetivos de la gama del fabricante. Eso es una noticia estupenda para los fotógrafos con una maleta llena de objetivos, que pueden reducir su inversión en equipo digital al tener que comprar únicamente un cuerpo de cámara digital. Sin embargo, excepto en el caso de las cámaras digitales profesionales más caras, que incorporan sensores de tamaño completo, la superficie que cubren los demás sensores es algo menor que la de 24 x 36 mm que cubre un fotograma de película de 35 mm, por lo que cuando se combinan objetivos fabricados para cámaras réflex convencionales de 35 mm a un cuerpo digital, la distancia focal efectiva aumenta. Eso se conoce como factor multiplicador del objetivo (LMF, Lens Multiplier Factor) o factor de conversión de la distancia focal. El factor multiplicador lo determina la relación del tamaño del sensor con un fotograma de película de 35 mm. Por ejemplo, si el sensor tiene una superficie de dos tercios del fotograma de una película de 35 mm, la cámara tiene un LMF de 1,5x. Un objetivo de 100 mm se convierte en un objetivo de 150 mm en un cuerpo digital; un zoom de 24-70 mm se convierte en un zoom de 36-105 mm. Eso puede ser una ventaja para ampliar el alcance de un teleobjetivo, porque un zoom de 80-200 mm se convierte en uno de 120-300 mm. Pero si se toman muchas fotografías con un gran angular de 24 mm, el resultado es decepcionante: de pronto se convierte en un 36 mm, de menor amplitud. Hay que estar dispuesto a comprar por lo menos un objetivo nuevo cuando se adquiere una digital réflex. La ventaja es que esto no afecta a la apertura máxima. Además, al necesitar una menor cobertura, los fabricantes pueden fabricar objetivos específicos para cámaras digitales de menor tamaño, más ligeros y baratos que los objetivos para cámaras réflex convencionales. Estos objetivos específicos para cámaras digitales réflex no se pueden usar en réflex convencionales, puesto que tienen un diámetro menor y *viñetearían* la imagen.

Como la mayoría de personas ya están familiarizadas con la distancia focal y el ángulo de visión relativo (véanse pp. 24 y 106) basado en cámaras convencionales de 35 mm, los fabricantes suelen dar las distancias focales equivalentes en 35 mm en sus anuncios y especificaciones técnicas de cámaras y objetivos digitales.

TRANSFERENCIA DE IMÁGENES

Uno de los grandes atractivos del medio digital es la eliminación de los costes de película y revelado. Para conseguir este ahorro, las imágenes de la tarjeta de memoria de la cámara se tienen que transferir a una unidad de almacenamiento y luego borrarse de la tarjeta para reutilizarla. Este proceso es una alternativa a comprar y transportar las tarjetas necesarias para todas las tomas que se espera realizar. Las imágenes se pueden transferir a diversos dispositivos de almacenamiento, normalmente ordenadores, dispositivos de memoria portátiles, CD o DVD.

Todas las cámaras digitales tienen un puerto de conexión, o de interfaz, para conectarse directamente con el ordenador, la unidad de memoria portátil o una impresora. Si se dispone de ordenador, hay que asegurarse de que tiene puertos compatibles con el cable de conexión de la cámara. La mayor parte utiliza cables USB o USB2.0, aún más rápido. Algunas cámaras réflex y compactas de gama alta usan rápidos cables de conexión FireWire (IEEE 1394).

'Software'

Las cámaras se venden con programas de *software* que facilitan la transferencia de imágenes. Los programas incorporan controladores para descargar los archivos de imagen al ordenador, además de algunas herramientas para mejorar las fotografías. El *software* que se ofrece presenta diversos grados de funcionalidad, de lo más simple a lo más sofisticado, dependiendo generalmente del precio de la cámara. Incluso los programas más básicos permiten visualizar las imágenes como miniaturas, aumentarlas con la función de zoom, cambiar las dimensiones para enviarlas por correo electrónico e imprimirlas fácilmente en una impresora. Con unas sencillas herramientas de edición se pueden retocar, recortar, reducir el efecto de ojos rojos y rotar la imagen. Algunas cámaras incorporan aplicaciones de ajuste de fotografías para crear panorámicas y sencillos programas de edición de vídeo. En algunos casos también permiten catalogar las imágenes para un acceso más rápido. El *software* de serie es estupendo para quien no quiera procesos complicados. Para explorar las posibilidades del mundo digital hay que invertir en programas de edición de imagen más avanzados. Por otra parte, si se toma gran cantidad de imágenes, es muy conveniente hacerse con un programa de catalogación desde el principio. Las cámaras que capturan imágenes en formato RAW incorporan un *software* propio para procesar y convertir los archivos para que se puedan abrir con otros programas de edición fotográfica.

Transferencia al ordenador

Se pueden transferir o descargar imágenes al ordenador conectando la cámara con el cable USB que se adjunta, a través de un lector de tarjetas o un puerto para cámaras. La transferencia de imágenes al disco duro del ordenador es fácil y no es necesaria ninguna aplicación especial. Los modernos sistemas operativos reconocen la cámara, el lector o el puerto como una unidad de disco externa y muestran un cuadro de diálogo con diversas opciones para operar con los archivos. Habitualmente, aparece la opción de copiar (crea duplicados en el PC) o mover (los copia al PC y los borra de la tarjeta de memoria).

Lectores de tarjetas

Son unidades compactas que se conectan a un ordenador a través de un puerto USB. Las tarjetas se insertan en el lector y las imágenes se transfieren al tocar un botón. Están disponibles para un formato de tarjeta o varios y se pueden dejar conectados al ordenador, lo que evita tener que acarrear cables. Los lectores de tarjeta multiformato son especialmente útiles si se usan dos o más cámaras con tarjetas de memoria diferentes.

Puertos para cámaras

También conocidos como unidades de conexión, son un accesorio especialmente útil para determinados modelos. Facilitan la transferencia de imágenes al ordenador y al mismo tiempo cargan la batería. El puerto se conecta al ordenador a través de un cable USB y se puede dejar conectado de forma permanente.

TRANSFERENCIA DE IMÁGENES DURANTE EL VIAJE

La gestión de tarjetas de memoria es muy parecida a la gestión de películas: el principal objetivo es no agotarlas en ambos casos. Si se pretende transferir imágenes y reutilizar la tarjeta para no tener que llevar tarjetas suficientes para todo el viaje hay que planearlo antes. Las opciones son:

▸ discos compactos, acudiendo a establecimientos especializados
▸ ordenador portátil
▸ unidad de memoria portátil

Hay que recordar que, si se transfieren archivos RAW, no se podrán ver las imágenes a menos que la unidad a la que se haga la transferencia tenga instalado el *software* necesario.

Discos compactos

Una opción excelente para el viajero que quiere limitar el equipo, los costes, el peso y el volumen, es utilizar los servicios de grabación de CD que se pueden encontrar en la mayor parte de ciudades (y cada vez más en rincones perdidos). Conviene pedir siempre que abran el CD una vez grabado para verificar que la transferencia se ha realizado correctamente antes de borrar las imágenes de la tarjeta de memoria.

Ordenadores portátiles

Aporta la máxima flexibilidad a la hora de gestionar las imágenes durante el viaje. Siempre que sea posible recargar la batería, que se disponga de suficiente espacio en el disco duro y suficiente RAM para procesar las imágenes con rapidez, posibilita revisar las imágenes en cualquier momento. El tamaño de la pantalla permite comprobar con más detalle las imágenes antes de decidir si conviene o no borrarlas. También se puede hacer copias, organizarlas, enviarlas por correo electrónico, tomar notas o mejorarlas con el programa de edición fotográfica de preferencia. No obstante, los ordenadores portátiles pesan mucho y son muy atractivos para los ladrones, de modo que pueden no resultar útiles para todos los viajeros, especialmente para los que visiten lugares remotos.

Dispositivos de almacenamiento portátiles

Una alternativa más práctica, especialmente si el viaje va a ser largo y se prevé tomar cientos o miles de fotografías, es un dispositivo de almacenamiento portátil. Son compactos, ligeros, fáciles de usar y funcionan con baterías recargables. Aceptan la mayor parte de las tarjetas de memoria, ya sea directamente o a través de un adaptador. Su capacidad oscila entre 5 y 60 GB, lo que permite almacenar miles de imágenes de alta resolución, que después se pueden transferir a un ordenador. Las unidades más caras incorporan una pantalla LCD, de modo que las imágenes se pueden revisar en cualquier momento y se puede comprobar visualmente la transferencia, algo igualmente importante. Los lectores y grabadores de CD portátiles permiten guardar imágenes en un disco duro y hacer copias de seguridad en CD, lo que da una garantía total de seguridad.

PROTECCIÓN DE LAS IMÁGENES

Al igual que la película, las tarjetas de memoria y los dispositivos de almacenamiento portátiles enseguida se llenan de fotos de gran valor que el fotógrafo querrá proteger con su vida. Para reducir al mínimo las pérdidas se pueden hacer varias cosas:

- Llevar un dispositivo de almacenamiento portátil y transferir las imágenes cada noche
- Hacer copias de seguridad del dispositivo de almacenamiento portátil a un CD periódicamente
- No usar una sola tarjeta de gran capacidad para todo el viaje. Aunque la idea resulte muy atractiva por razones prácticas (especialmente si se almacenan grandes archivos JPEG o RAW), si la tarjeta sufre algún daño, se pierde o es robada, se pierden todas las fotografías. Es más seguro llevar varias tarjetas de 1 GB o de 512 MB y asegurarse de guardarlas bien, puesto que algunas son muy pequeñas y fáciles de perder
- Lo ideal sería transferir las imágenes en dos CD y enviar uno o los dos a casa por correo (en días diferentes)
- Si no se lleva un dispositivo de almacenamiento portátil, lo mejor es ir grabando las imágenes en un CD periódicamente
- El dispositivo de almacenamiento portátil se debería guardar (o esconder) en un lugar diferente que la cámara, o depositarlo en la caja fuerte del hotel
- Al llegar a casa, lo mejor es copiar las imágenes en CD o DVD. La solución ideal es hacer dos copias y guardar una fuera de casa. En caso de que algún día alguien robara el ordenador o se estropease el disco duro, se podría recuperar la valiosa colección de imágenes volcándola en un nuevo ordenador

Este último punto es especialmente importante. Guardar la única versión de una colección de imágenes digitales en el disco duro del ordenador es muy diferente a guardar unos negativos o copias en una caja de zapatos o un cajón. ¡Una caja de zapatos o un cajón son mucho más seguros!

IMPRESIÓN DE IMÁGENES DIGITALES

Imprimir imágenes digitales es fácil. Se puede hacer personalmente o encargar copias a un servicio de impresión digital. De cualquier modo, uno de los ahorros más significativos de la fotografía digital es la oportunidad de revisar las imágenes antes de la impresión, lo que permite seleccionarlas en vez de tener que imprimir todo un carrete. A partir de una tarjeta de memoria, las copias se pueden obtener de diferentes maneras:

- Transfiriendo las imágenes a un ordenador y luego imprimiéndolas con la propia impresora o a través de un servicio de impresión por Internet
- Conectando la cámara directamente a una impresora o insertando la tarjeta de memoria en una impresora
- Llevando la tarjeta de memoria a una tienda de fotografía para hacer las copias
- Visitando un puesto de impresión de autoservicio

Imprimir las propias copias nunca ha sido tan fácil, con una gama creciente de impresoras personales con calidad fotográfica. Existe una gran variedad de modelos para todos los presupuestos y usos. Algunas impresoras son tan compactas que se están comercializando como accesorio portátil.

Los que no estén interesados en usar el ordenador tienen diversas opciones. Algunas impresoras tienen puertos que conectan directamente con la cámara. Otras disponen de ranuras que aceptan tarjetas de memoria de uno o diversos formatos para imprimir desde la tarjeta. Con vistas al futuro, no es mala idea comprar una cámara y una impresora que sean compatibles con el sistema PictBridge. Esta tecnología permite la conexión de unidades de diferentes fabricantes. La principal ventaja es que se tienen más opciones para combinar cámara e impresora y que se puede actualizar un componente sin tener que sustituir el otro.

Los servicios de impresión por Internet permiten seleccionar las imágenes con el programa de edición fotográfica, mejorarlas si se desea y enviar el pedido por correo electrónico. Luego se pueden recoger las copias en el distribuidor seleccionado o recibirlas por correo. La mayoría de usuarios utilizan los servicios por Internet para copias de tamaño postal. La empresa de estudios de mercado IDC ha calculado que en 2002 se encargaron por Internet unos 114 millones de copias en EE UU. Esa cifra aumentó hasta 343 millones en 2003 y se espera que alcance los 2.000 millones en 2007.

Algunos establecimientos de impresión digital ofrecen servicios especialmente adaptados a los viajeros. Una de las posibilidades más interesantes es la de compartir las fotografías con la familia y los amigos que están en casa mucho antes de volver. También existe la opción de imprimir directamente desde la tarjeta de memoria, copiar los archivos a un CD para reutilizar la tarjeta o colgar las imágenes en un sitio web protegido con contraseña. A la familia y los amigos se les indica la dirección del web y la contraseña, se conectan y pueden ver las fotografías cómodamente en casa. Por supuesto, se pueden seleccionar las imágenes que se van a colgar en el web. Por último, los que las ven pueden pedir copias que se les envían a casa en un par de días. Según parece, este negocio está en plena expansión.

Otra opción para el revelado y la impresión son los puestos de impresión de autoservicio. Suelen encontrarse en las tiendas de fotografía (aunque cada vez más en otros lugares) y están preparados para aceptar archivos digitales en casi todos los tipos de soporte. No hace falta saber de informática: en cuanto se introduce la tarjeta de memoria el programa dirige la operación y orienta paso a paso al usuario, que selecciona las imágenes que quiere imprimir y el tamaño deseado. Generalmente también se pueden ejecutar muchas de las funciones de edición fotográfica que se encuentran en los programas básicos de edición, como la corrección de color, el recorte, la eliminación del efecto de ojos rojos y las variaciones del brillo, contraste y nitidez. Una vez completado el pedido, se envía por Internet a un laboratorio, que hace las copias en papel fotográfico estándar.

Por último, para facilitar las cosas al máximo, se puede llevar la tarjeta de memoria a una tienda de fotografía para que hagan las copias. Es como llevar un carrete a una tienda. No obstante, si se quiere reutilizar la tarjeta de memoria y conservar la opción de obtener más copias o ampliaciones en otro momento, también hay que pedir una copia de los archivos antes de borrarlos de la tarjeta de memoria. Para ello, la tienda de fotografía puede encargarse de grabar los archivos en un CD, que será el equivalente digital de los negativos.

El riesgo de no imprimir las imágenes

Aunque los fabricantes hacen todo lo posible para facilitar la impresión al máximo, mucha gente guarda las imágenes digitales en discos duros y CD con la idea de imprimirlas más adelante. Ello provocó que la industria fotográfica lanzara en 2003 una campaña publicitaria con el mensaje "imprímela o arriésgate a perderla". El objetivo era animar a la gente a hacer copias cuanto antes, puesto que si se retrasa la impresión puede ocurrir que las imágenes se pierdan para siempre si se dañan los CD o DVD, si falla el ordenador o el *software* queda anticuado.

Para que las fotos no sean simples instantáneas de un viaje, hay que conocer algo de técnica fotográfica. Las cámaras modernas han reducido la posibilidad de cometer errores comunes, como dejar la tapa en el objetivo, olvidarse de cargar la película, ajustar mal la sensibilidad y enfocar mal, pero ninguna cámara puede tomar decisiones creativas por el fotógrafo ni llevarlo al lugar oportuno en el momento justo. El tiempo empleado en pensar la composición y la importancia de la luz mejora las imágenes.

TÉCNICA

Estatua de Buda envuelta en plástico, Bangkok, Tailandia
◄ Réflex de 35 mm, objetivo 100 mm, 1/125 f8, Ektachrome E100VS

EXPOSICIÓN

▶ **Ajustar la exposición no es sólo una necesidad técnica, sino también una decisión creativa que influye en la calidad y el tono de una fotografía**

Al tomar una foto, lo que el ojo ve pasa a la película o al sensor de imagen. Las decisiones que se toman al ajustar la exposición son muy importantes para que esta operación se lleve a cabo correctamente.

Una exposición correcta quiere decir que la película o el sensor se han expuesto con la cantidad de luz adecuada para registrar la intensidad de color y los detalles de la escena que atrajeron al fotógrafo en el momento de captar la imagen. Una exposición correcta se consigue combinando la sensibilidad ISO de la película o el sensor con el diafragma y la velocidad de obturación.

VELOCIDAD DE OBTURACIÓN

Es la cantidad de tiempo durante el cual el obturador de la cámara permanece abierto para permitir que la luz llegue a la película o al sensor. Las velocidades de obturación se miden en segundos y fracciones de segundo según la siguiente secuencia estándar: 1 s, 1/2 s y 1/4, 1/8, 1/15, 1/30, 1/60, 1/125, 1/250, 1/500, 1/1.000, 1/2.000 y 1/4.000 de segundo. Cuanto más alto es el número, mayor es la velocidad y menos luz entra. Muchas cámaras modernas permiten posiciones intermedias, como 1/90 de segundo en los modos automáticos, pero las manuales no.

APERTURA DEL DIAFRAGMA

El diafragma es la apertura del objetivo que permite que la luz llegue al cuerpo interior de la cámara. Su apertura varía en tamaño y se mide en números f. La secuencia f más usual, de la apertura máxima a la mínima, es: f1,4, f2, f2,8, f4, f5,6, f8, f11, f16 y f22. A medida que sube en la escala hacia f22 el diafragma se cierra y la cantidad de luz que llega a la película se divide por dos a cada paso; por el contrario, al bajar hacia f1,4 (apertura máxima), la cantidad de luz que alcanza la película se dobla.

MEDICIÓN DE LA LUZ

Casi todas las cámaras modernas incorporan un fotómetro que mide la cantidad de luz reflejada por el motivo, según el principio de que el sujeto está compuesto de tonos medios, es decir, no es ni muy claro ni muy oscuro. En la práctica, casi todos los motivos son una mezcla de tonos y cuando el fotómetro calcula la media de la luz reflejada, una lectura de los tonos medios da una imagen bien expuesta. Cuando en la escena dominan los motivos muy claros o muy oscuros, hay que compensar la exposición (véase p. 92).

El Capitolio al anochecer, Washington, DC, EE UU
◀ Réflex de 35 mm, objetivo 35 mm, 1/4 f11, Ektachrome E100VS, trípode

Fotómetros de medición ponderada al centro Leen la luz que refleja toda la escena y dan una exposición media con predominio de la zona central. Normalmente dan lecturas precisas, a menos que la escena incluya grandes zonas claras u oscuras.

Fotómetros de medición matricial Habituales en las nuevas réflex de gama media, dividen la escena en zonas, leen la luz de cada una y envían la información a la cámara, que reconoce los tonos extremos y da una lectura basada en las partes de la escena que considera más importantes. También se llama multizonal, integral, evaluativa o multisegmento.

Fotómetros de medición puntual Leen la luz de una zona pequeña de la imagen y son ideales para medir la luz del motivo principal cuando la escena está iluminada de forma desigual (contraluz o luz puntual).

Hombre con una foto del Dalai Lama, Tíbet, China

El fotómetro automático incorporado es perfecto cuando la luz es uniforme, el sujeto llena el encuadre y sólo se dispone de una fracción de segundo para disparar.

◀ Réflex de 35 mm, objetivo 100 mm, 1/125 f4, Kodachrome 64

Lamayuru, Ladakh, India

Cuando los últimos rayos de sol atravesaron las nubes, se consiguió un tema y una luz excelentes. Como la escena contenía zonas muy claras y muy oscuras, el fotómetro automático hizo una lectura promedio. Se ve algún detalle del fondo, pero la parte iluminada del monasterio ha salido quemada. La imagen carece de expresividad, color y profundidad.

‹ **Réflex de 35 mm, objetivo 35 mm, 1/30 f8, Kodachrome 64, trípode, medición promedio de la escena**

Se utilizó el fotómetro puntual de la cámara para efectuar una medición del edificio, con la intención de conservar el detalle en las luces y dejar que las partes oscuras de la imagen quedasen negras. El resultado es una imagen mucho más potente, con un marco natural que lleva la vista al motivo principal.

‹ **Réflex de 35 mm, objetivo 35 mm, 1/125 f8, Kodachrome 64, trípode, medición puntual del monasterio**

MODOS DE EXPOSICIÓN

Una vez que el fotómetro ha leído la luz, recomienda los ajustes adecuados. Según la cámara, se puede dar prioridad a los ajustes seleccionando los modos de exposición manual, semiautomático o automático.

Manual La velocidad de obturación y el diafragma se deciden manualmente. Se ajusta uno de los dos hasta que el fotómetro indica que la exposición es correcta.

Automático con prioridad al obturador Semiautomático; se selecciona la velocidad de obturación y la cámara ajusta automáticamente la apertura.

Automático con prioridad a la apertura Semiautomático; se selecciona la apertura y la cámara ajusta automáticamente la velocidad.

Automático con programa Automático; la cámara selecciona tanto la velocidad como el diafragma.

Exposición programada según el tema Automático; se selecciona un programa adecuado al tema (normalmente: retrato, paisaje, primer plano, deportes o escena nocturna). La cámara ajusta la combinación adecuada de velocidad y diafragma.

CÓMO DETERMINAR LA EXPOSICIÓN

Cuando se dirige la cámara a una escena, el fotómetro recomienda unos ajustes que el fotógrafo puede aceptar o no. Uno de los mejores métodos y más sencillos para determinar la exposición correcta es centrarse en el motivo principal de la imagen. Cuanto éste domina el encuadre, la exposición es sencilla, pero cuando la escena contiene grandes zonas muy claras o muy oscuras, cuando se dispara contra el sol, cuando las fuentes de luz se incluyen en el encuadre o cuando el sujeto es blanco o negro, resulta más complicado. En tales casos se aconseja:

- Usar el fotómetro puntual para leer la luz del sujeto
- En el modo manual, llenar el encuadre con el sujeto, ya sea acercándose a él o moviendo el zoom, hacer la lectura y luego volver a componer la imagen sin hacer caso del fotómetro
- En el modo automático, usar el truco anterior pero bloqueando la exposición antes de volver a componer la imagen, para que el fotómetro no realice un posterior ajuste
- En algunas réflex convencionales totalmente automáticas, las digitales compactas avanzadas y las réflex digitales, obviar los ajustes del fotómetro usando el dial de compensación de la exposición que permite sobreexponer o subexponer la película desde un tercio o medio diafragma hasta dos o tres. Se sitúa el dial en +1 para aumentar y en –1 para reducir en un diafragma la cantidad de luz que llegará a la película o al sensor. No hay que olvidar ponerlo a cero de nuevo
- Ajustar manualmente la sensibilidad de la película para engañar al fotómetro y que deje llegar más o menos luz. Esto sólo puede hacerse en cámaras convencionales automáticas que permitan anular la sensibilidad seleccionada automáticamente por el código DX. Para sobreexponer la película de 100 ISO en un diafragma, se ajusta a 50 ISO, con lo que entrará el doble de luz. Para subexponer un diafragma, se ajusta a 200 ISO y entrará la mitad de luz. Esta técnica no sirve para las cámaras digitales, pues la fotosensibilidad del sensor de imagen varía electrónicamente, y éste lo compensaría de modo automático cambiando la velocidad de obturación y la apertura. Tras cambiar el ISO, no hay que olvidar volverlo a la posición normal

Si el sujeto es blanco o negro, el fotómetro calculará el promedio de la escena y el sujeto se representará en un tono gris medio si no se compensa o se obvia la lectura del fotómetro. Si es blanco hay que sobreexponer abriendo uno o dos diafragmas más y, si es negro, cerrarlos.

Diapositivas

Entender las sutilezas del control de la exposición es especialmente importante con la película de diapositivas en color. Éstas pueden resultar inaceptables si están sobreexpuestas (demasiado claras) o subexpuestas (demasiado oscuras) más de medio punto; aunque ligeramente subexpuestas suelen dar los mejores resultados. Para conseguirlo se expone para las luces, lo que asegura que las partes más claras de la imagen tendrán detalle y los colores saldrán más saturados o intensos. Muchos fotógrafos ajustan la sensibilidad ISO un cuarto o un tercio por encima de la real. Normalmente, la película de 50 se expone a 64, la de 64 a 80 y la de 100 a 125 ISO. Conviene hacer varias pruebas con el equipo y la película antes del viaje.

Negativo en color

Las películas negativas toleran mucho mejor los errores de exposición; de unos negativos subexpuestos o sobreexpuestos dos diafragmas pueden salir fotos correctas. De hecho, los errores no suelen notarse porque el *minilab* al hacer las copias los corrige automáticamente.

A pesar de ello, en los negativos en color los mejores resultados se consiguen con una ligera sobreexposición. En este caso hay que calcular la exposición en las sombras.

Sensor digital

Conseguir la exposición correcta con la cámara digital viene a ser lo mismo que con la convencional, e igual de importante. Algunas cámaras tienen una función de histograma para analizar las exposiciones (véase p. 69).

El equivalente digital de la diferente latitud de exposición entre las diapositivas y la película negativa es la selección del formato de archivo. Disparar en formato de archivo RAW puede compararse a exponer una película negativa; el archivo no procesado permite que las imágenes subexpuestas o sobreexpuestas en dos y hasta tres diafragmas se conviertan e impriman bien. Los archivos TIFF también ofrecen una buena latitud, pues la subexposición o sobreexposición hasta un diafragma y medio no causan demasiados problemas. En cambio, disparar en formato JPEG es más parecido a exponer película de diapositivas en color. El archivo procesado exige una mayor precisión en el momento de la captura, pero también se consiguen excelentes resultados con archivos subexpuestos o sobreexpuestos en un diafragma.

Delfín de arena, Varadero, Cuba

Varadero es el destino de playa más solicitado de Cuba y atrae a miles de viajeros. La playa y el azul del mar caribeño son sus principales atractivos. Si la arena brillante domina la escena, el fotómetro subexpondrá la película; hay que compensarlo sobreexponiendo de medio punto a un punto y medio.

◀ Réflex de 35 mm, objetivo 24 mm, 1/125 f8, Ektachrome E100VS

◀ Réflex de 35 mm, objetivo 24 mm, 1/125 f5,6, Ektachrome E100VS, sobreexpuesto un diafragma

COMBINACIONES VELOCIDAD/APERTURA

La sensibilidad de la película o del sensor de imagen, la velocidad de obturación y la apertura están muy interrelacionados.

▸ **La sensibilidad ISO de la película o del sensor es la base sobre la que se deciden las variables de velocidad de obturación y apertura**

En la fotografía creativa es esencial comprender la relación entre estas variables, así como encontrar rápidamente la mejor combinación para obtener un resultado concreto. Por ejemplo, con película de 100 ISO, o el sensor de imagen en 100 ISO, se dirige la cámara a un motivo y el fotómetro recomienda una exposición de 1/125 a f4. Pero si bajamos la velocidad un punto (1/60) y cerramos un diafragma (f5,6), también podremos conseguir una exposición correcta, porque la apertura menor compensa el mayor tiempo que el objetivo está abierto. Asimismo, 1/30 a f8 o 1/15 a f11 también darán exposiciones correctas. En las mismas condiciones de luz, pero con película de 400 ISO o ajustando el sensor en 400 ISO, se podría seleccionar 1/500 a f4, 1/250 a f5,6, 1/125 a f8 o 1/60 a f11. Todas estas combinaciones conseguirán que la película o el sensor se exponga con la cantidad correcta de luz. Es el fotógrafo quien escoge la combinación que le dará el efecto buscado, priorizando un elemento sobre otro. La foto de una cascada a 1/250 será muy diferente a otra tomada a 1/2 segundo (véase un ejemplo en p. 172). Elegir la combinación es una decisión creativa.

Festival de Año Nuevo, Asan Tole, Katmandu, Nepal

Eligiendo otra combinación de velocidad y apertura, la misma escena puede interpretarse de modo bien distinto. En la primera foto, para asegurar la nitidez, se utilizaron los ajustes habituales. Pero en la segunda foto, para registrar el movimiento de la gente que rodeaba la carroza, se empleó una velocidad mucho más lenta, y el movimiento se registró como borroso. Para que esta técnica funcione, debe haber algo nítido que contraste con lo borroso, por lo que es importante enfocar el elemento clave de la composición.

▲ Réflex de 35 mm, objetivo 100 mm, 1/125 f4, Kodachrome 64   ▲ Réflex de 35 mm, obj. 50 mm, 1/15 f11, Kodachrome 64, trípode

PROFUNDIDAD DE CAMPO

La apertura también es esencial para controlar la profundidad de campo, uno de los aspectos menos comprendidos de la fotografía y uno de los instrumentos creativos más importantes de que dispone el fotógrafo.

▶ **La profundidad de campo es el área aceptablemente nítida de una fotografía**

Cuanto más pequeña es la apertura, mayor es la profundidad de campo, y viceversa. Una apertura de f16 dará una profundidad de campo máxima, mientras que en f2 será mínima. Para fotografías en general se recomienda usar f8 o f11 como norma. Estas aperturas permiten habitualmente una velocidad de obturación de 1/125, dan suficiente profundidad de campo a casi todas las tomas e incluso ofrecen cierto margen en caso de un enfoque poco preciso.

Al mirar por el visor de una moderna cámara réflex se ve la escena a través del objetivo con su apertura máxima. Así se puede enfocar y componer a través de un visor luminoso y el objetivo no se cierra a la apertura seleccionada hasta el momento del disparo. Como resultado, se ve la composición con poca profundidad de campo. Si la cámara cuenta con previsualización de la profundidad de campo es posible hacerse una idea de lo que saldrá enfocado con una apertura determinada, mediante el cierre manual del objetivo, antes de disparar. Hay que fijarse en un elemento de la composición que aparezca desenfocado y observar cómo se enfoca a medida que se cierra el diafragma de f4 a f5,6 y a f8; al mismo tiempo el visor se va oscureciendo cada vez más. Si se practica esta técnica, pronto se descubrirá su gran utilidad.

Otras dos variables afectan a la profundidad de campo: la distancia focal del objetivo y la distancia entre la cámara y el sujeto. Con una misma apertura, los objetivos de focal más corta, como un 24 o 35 mm, tienen mayor profundidad de campo que los teleobjetivos, como por ejemplo un 135 o 200 mm. Por otra parte, cuanto más lejos está el sujeto, mayor es la profundidad de campo; y disminuirá si el fotógrafo se acerca. La máxima profundidad de campo se puede conseguir enfocando un sujeto a más de 50 m y usando un objetivo gran angular con una apertura de f16. La profundidad de campo será mínima enfocando a un sujeto a menos de 5 m y usando un teleobjetivo con una apertura de f2.

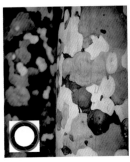 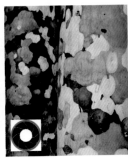 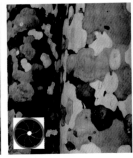

Detalle de un árbol
Esta secuencia muestra claramente el efecto de la apertura sobre la profundidad de campo. Sin cambiar el objetivo ni el punto de enfoque, el árbol de la izquierda puede estar enfocado o no y generar imágenes totalmente distintas.

▲ Réflex de 35 mm, objetivo 100 mm, f2 ▲ Réflex de 35 mm, objetivo 100 mm, f8 ▲ Réflex de 35 mm, objetivo 100 mm, f22

VIBRACIÓN DE LA CÁMARA

Una consideración práctica es que con una velocidad de obturación demasiado lenta, la cámara puede moverse y las fotos salir borrosas. Éste es un problema común cuando la cámara se usa en el modo automático. Si se sostiene la cámara a pulso, la velocidad de obturación debería ser, como mínimo, de 1/125 o 1/250. Sin embargo, esta velocidad mínima varía según el objetivo que se use.

▸ **Evítese la vibración de la cámara seleccionando una velocidad de obturación igual o superior a la focal del objetivo.**

Con un objetivo de 24 mm, se recomienda una velocidad mínima de 1/30, y con un 200 mm, de 1/250. Con los zooms, la velocidad mínima variará conforme se desplace el objetivo. En definitiva, cuanto más largo sea el objetivo, o cuanto más se alargue un zoom, más alta será la velocidad mínima requerida.

Casa de los Azulejos, Ciudad de México, México

A última hora del día la luz en el restaurante era demasiado baja para sostener la cámara a pulso y la foto salió movida.

▴ Réflex de 35 mm, objetivo 24 mm, 1/8 f2, a pulso, Ektachrome E100VS

Al volver a la mañana siguiente, la luz era más intensa, por lo que se pudo disparar a una velocidad cómoda para un objetivo de 24 mm.

▴ Réflex de 35 mm, objetivo 24 mm, 1/30 f2, a pulso, Ektachrome E100VS

HACER HORQUILLA

Ésta es una técnica importante que sirve para asegurar la mejor exposición. Para ello se toman tres fotos de la misma escena: la primera, con la exposición recomendada, pongamos 1/125 a f11; la segunda, medio diafragma por encima (1/125 a f8,5); y la tercera, medio diafragma por debajo (1/125 a f11,5).

Evidentemente, de esta forma se gasta más película, por lo que se recomienda sólo cuando la luz sea difícil de valorar o si se fotografía algo importante. Para los fotógrafos profesionales esta técnica no representa malgastar película, sino todo lo contrario, pues les sirve de reserva para casos de pérdida, daños o problemas de revelado.

Hacer horquilla con una cámara digital ocupa un espacio en la tarjeta, que se puede recuperar borrando las imágenes menos logradas. Sin embargo, si se usa con mucha frecuencia hay que asegurarse de que se dispone de suficiente capacidad en la tarjeta para cubrir las necesidades de disparar hasta que se puedan revisar y borrar las tomas malas, o descargar la tarjeta.

Si la foto se considera importante, esta técnica es la más segura para garantizar que se conseguirá captar lo que se ve.

Templo del Gran Jaguar, Tikal, Guatemala

En una horquilla de tres tomas se ve la diferencia al abrir y cerrar un diafragma respecto de la medición del fotómetro.

La combinación de zonas claras y oscuras ha producido una buena exposición.

◄ **Réflex de 35 mm, objetivo 24 mm, 1/125 a f8,**
Ektachrome E100VS

Con un diafragma más abierto el color de las zonas iluminadas ha perdido intensidad y la imagen tiene poca fuerza, pero en las sombras hay detalle y color.

◄ **Réflex de 35 mm, objetivo 24 mm, 1/125 a f5,6,**
Ektachrome E100VS

Con un diafragma más cerrado, las zonas iluminadas todavía se ven bien y tienen mucho detalle, pero las sombras han perdido color y detalle.

◄ **Réflex de 35 mm, objetivo 24 mm, 1/125 a f11,**
Ektachrome E100VS

USO DE CÁMARAS COMPACTAS

Las compactas de 35 mm y las digitales están muy extendidas y los modelos de gama alta dan buenos resultados. Para sacarles el mayor provecho, conviene utilizar las opciones de anulación de automatismos que posean.

Bloqueo de enfoque y exposición

Como el sensor del enfoque automático suele localizarse en el centro del visor, el aficionado tiende a situar al sujeto en el centro de la imagen, cosa que no se recomienda para una composición atractiva (véase "Composición", p. 101). Por otra parte, si el sujeto principal no se coloca en el centro, puede quedar desenfocado, porque el sensor de enfoque no lo ve y enfoca cualquier cosa del fondo. Además, si la iluminación es irregular, el fotómetro puede hacer la lectura en zonas que no sean el motivo principal.

Las compactas de 35 mm de gama alta poseen un bloqueo combinado de enfoque y exposición que puede solucionar estos problemas y permitir fotografías más creativas y técnicamente mejores. Consúltese el manual de instrucciones de la cámara para saber cómo accionar este mecanismo. Normalmente hay que seleccionar un modo de medición puntual, situar la marca del enfoque automático sobre el sujeto, pulsar ligeramente el disparador y mantenerlo pulsado mientras se rectifica la composición; cuando ésta es satisfactoria, se pulsa a fondo. De este modo, la cámara enfoca y ajusta la exposición sobre el sujeto, aunque no esté en el centro.

Puerto de Darling, Sydney, Australia

La cámara no sabe si está fotografiando el barco del primer término o la ciudad del fondo, por lo que su lectura promedio ha sobreexpuesto el fondo y ha impedido que el barco quedase oscuro. La imagen no tiene color ni profundidad y no es en absoluto representativa de la escena que veía el fotógrafo.

▲ Compacta de 35 mm, totalmente automática, Ektachrome E100VS

Anulando el fotómetro mediante el bloqueo de enfoque y exposición, y midiendo en dirección a los edificios, la fotografía tiene mucho más impacto.

▲ Compacta de 35 mm, bloqueo del enfoque y la exposición para los edificios, Ektachrome E100VS

Control del flash

Las compactas de gama superior tienen cinco modos de flash: automático, reducción de ojos rojos, relleno, escena nocturna y sin flash. El modo automático tiene preferencia y dispara el flash automáticamente en condiciones de poca luz y en contraluz. Sin embargo, se puede anular para que sólo se dispare cuando el fotógrafo quiera. Muchas veces el flash se dispara cuando no es necesario, anulando la luz ambiente para dar unas imágenes planas, fuertemente iluminadas y frías y dejar el fondo oscuro y sin interés.

La mayor parte de las compactas tienen velocidades automáticas que van desde 1/500 hasta un segundo, como mínimo. Al apagar el flash, es posible emplear estas velocidades

más lentas y aprovechar la luz ambiental. La cámara probablemente no dirá la velocidad que emplea, por lo que en situaciones de poca luz hay que procurar que la cámara no se mueva. Se recomienda experimentar en condiciones variadas para saber a partir de qué velocidad conviene utilizar trípode o algún tipo de apoyo. Con el modo de relleno se puede controlar todavía más la imagen (véase en p. 114 las técnicas para compactas y réflex).

Sacerdotes tocando el tambor, templo del Diente, Kandy, Sri Lanka

Éste es el tipo de foto que casi todo el mundo está contento de hacer con una cámara compacta. Está enfocada y la luz del sujeto principal es buena, pero no es una foto muy creativa.

◀ Digital compacta estándar, objetivo 5,5-21,8 mm a 5,5 mm, 1/60 f2,8, 140 ISO, 1.536 x 2.304, 3,5 MP jpeg, exposición automática, flash automático

En la segunda toma se modificó la composición para que llenase el encuadre el interesante techo del templo (no el suelo, carente de interés). El uso del bloqueo del enfoque permitió desplazar el sujeto fuera del centro de la imagen. El modo de escena nocturna permitió captar la cálida luz ambiental y algún movimiento a la vez que evitó la negra y desagradable sombra que el flash directo proyecta detrás del sujeto. Gracias al flash la escena no quedó borrosa y el sujeto principal salió nítido.

◀ Digital compacta estándar, objetivo 5,5-21,8 mm a 5,5 mm, 1/3 f2,8, 140 ISO, 2.304 x 1.536, 3,5 MP jpeg, exposición automática, modo de escena nocturna

El modo de escena nocturna de las cámaras compactas es también una excelente herramienta creativa con la que experimentar en situaciones de poca luz y ver sus sorprendentes efectos. El obturador está más tiempo abierto para registrar la luz ambiental y el flash se dispara para añadir nitidez y asegurar que el motivo se exponga correctamente (si está dentro del alcance del destello). Las estáticas fotos con flash pueden convertirse en imágenes con atmósfera y movimiento. El grado de luz disponible determina el tiempo de apertura, por lo que es difícil predecir cuán borroso saldrá. Vale la pena hacer pruebas.

COMPOSICIÓN

▶ **Componer bien es esencial para hacer buenas fotos**

Al fotografiar se toman una serie de decisiones que dan lugar a una composición. Se selecciona un objetivo con una determinada focal o se mueve el zoom, se decide desde dónde se tomará la foto, se incluyen algunos elementos y se descartan otros, y se escoge el formato vertical u horizontal. Considerando estas variables antes de pulsar el disparador se puede dar una interpretación personal al tema fotografiado.

No existe una composición correcta para cada tema o escena; a veces conviene probar varias. Los fotógrafos suelen estudiar el tema tomando unas cuantas fotos para explorar sus diferentes posibilidades. Incluso en los monumentos turísticos más famosos, donde existe un lugar típico desde el que hacer "la foto", es sorprendente lo diferentes que son las imágenes de distintas personas.

▶ **Por norma, conviene no poner el principal punto de interés en el centro del encuadre y evitar elementos que distraigan del motivo principal**

REGLA DE LOS TERCIOS

Al considerar las diversas opciones, hay que tener presente la regla tradicional para componer bien:

▶ **Según la regla de los tercios, los elementos principales de una composición deben situarse en ciertos puntos ideales situados a un tercio del borde**

Pueblo y campos de mostaza, Lamayuru, Ladakh, India

Los campos de mostaza, las montañas y el cielo forman tres franjas horizontales distintas. El monasterio, en lo alto del pueblo, ocupa una intersección de la cuadrícula. Casi todas las escenas pueden contener diferentes elementos situados en las intersecciones. Conviene probar varias opciones, sobre todo las que intuitivamente parezcan correctas, y estudiar los resultados en casa.

◀ Réflex de 35 mm, objetivo 24 mm, 1/125 f11, Kodachrome 64

Al mirar por el visor, imagínese que dos líneas verticales y dos horizontales a espacios regulares atraviesan la imagen cruzándose para crear una cuadrícula que la divide en nueve recuadros. Los elementos principales, como el horizonte de un paisaje o los ojos de un retrato, deben situarse encima o cerca de los puntos de intersección de estas líneas, y no en el centro de la foto, para que la imagen resultante no sea estática.

Pétalos en un cuenco, Habarana, Sri Lanka
◀ Réflex de 35 mm, objetivo 24-70 mm, 1/80 f3,5, Ektachrome E100VS

ENCUADRE

Enmarcar el tema

Se trata de una práctica habitual, pero si no se hace bien la composición puede resultar floja. Lo que sirva para enmarcar el motivo principal debe tener cierta importancia para éste, y no ser cualquier cosa que sobresalga por los bordes de la foto y distraiga la atención del observador.

▸ **El marco no debería competir con el motivo en color o forma**

Museo Getty, Los Ángeles, EE UU

El edificio queda enmarcado por otra construcción. El marco es importante para el motivo principal porque forma parte de él y no se impone, sino que conduce la mirada del espectador.

◂ Réflex de 35 mm, objetivo 24 mm, 1/60 f8, Ektachrome E100VS

Lago de Atitlán, Panajachel, Guatemala

En esta foto el marco no queda bien porque no aporta nada a la imagen. No existe relación entre el marco y la escena en cuanto a color o contenido, y los árboles no hacen más que recargar los bordes de la composición.

◂ Réflex de 35 mm, objetivo 24 mm, 1/125 f5,6, Ektachrome E100VS

Avanzando unos pasos hacia la orilla pude eliminar los árboles y sacar una foto mucho más limpia y con una mayor armonía entre los elementos y los colores.

◂ Réflex de 35 mm, objetivo 24 mm, 1/125 f5,6, Ektachrome E100VS

Llenar el encuadre

▸ **Cuando se haya decidido lo que se quiere fotografiar, procúrese que llene todo el encuadre**

Un error común es que el motivo principal sea muy pequeño e insignificante. A veces sólo hay que acercarse unos pasos para conseguir un resultado mejor.

PUNTO DE VISTA

▸ **No siempre la altura de la vista o la primera visión que se tiene del tema son los puntos de vista ideales**

La diferencia puede estar en desplazarse unos pasos a derecha o izquierda, arrodillándose o subiendo un escalón. Cambiar el punto de vista añade variedad al conjunto.

Jugadores de dominó, La Habana, Cuba

Las tres fotos se tomaron con el mismo objetivo, pero entre cada una el fotógrafo avanzó unos pasos. La primera aporta más información sobre el lugar donde se juega, pero la tercera da mayor sensación de inmediatez y muestra claramente lo que se desea fotografiar.

◂ Réflex de 35 mm, objetivo 24 mm, 1/60 f5,6, Ektachrome E100VS

SELECCIÓN DEL CONTENIDO

‣ **Lo que se deja fuera de la foto es tan importante como lo que se incluye**

¿Quedan bien unos cables de electricidad atravesando la foto? Conviene acostumbrarse a examinar toda la imagen antes de apretar el disparador para localizar elementos innecesarios o que distraigan la atención. Si es posible, empléese el botón de profundidad de campo para ver si el fondo queda enfocado y descubrir elementos que desvíen la atención.

ORIENTACIÓN DE LA CÁMARA

¿Horizontal o vertical? Es tan natural sostener la cámara horizontalmente que la gente a menudo olvida que también puede realizar encuadres verticales. Hay que empezar encuadrando verticalmente temas verticales.

‣ **La orientación de la cámara es otro recurso para llenar el encuadre y limitar el espacio desaprovechado alrededor del sujeto**

Mujer de Trinidad, Cuba

El tema es más alto que ancho. Aunque la foto horizontal muestra el entorno, la pared clara distrae.

◂ Réflex de 35 mm, objetivo 50 mm, 1/125 f8, Ektachrome E100VS

Avanzando unos pasos hacia la mujer y encuadrándola verticalmente, el contexto no sólo se conserva, sino que mejora. Los barrotes verticales y el marco de la ventana resaltan y la mirada del observador se dirige a la expresión del rostro.

◂ Réflex de 35 mm, objetivo 50 mm, 1/125 f8, Ektachrome E100VS

ENFOQUE

Hay que enfocar cuidadosamente.

▸ **Si en la composición lo que está enfocado no es el sujeto principal, la atención del observador se apartará de él**

Hay cinco razones por las que las imágenes desenfocadas son muy habituales:

▸ La velocidad es demasiado lenta para disparar a pulso y la cámara se mueve
▸ El objetivo enfoca algo que no es el motivo principal
▸ El objetivo no se ha enfocado bien, sobre todo con aperturas grandes (f1,4-f4)
▸ El disparador se pulsa con demasiado ímpetu y la cámara se mueve
▸ El sujeto se mueve

Una dificultad para cumplir la regla de los tercios en las cámaras con enfoque automático es que si el sujeto no está en el centro del encuadre, puede no quedar enfocado. Pero la mayor parte de estas cámaras cuentan con un botón de bloqueo del enfoque automático y el fotógrafo debe acostumbrarse a usarlo para mantener al sujeto enfocado mientras recompone.

Inti Raymi (fiesta del sol), Cuzco, Perú
Independientemente del tipo de cámara o de si el objetivo es manual o de enfoque automático, hay que practicar el enfoque rápido y el bloqueo del enfoque hasta que se utilicen con naturalidad. La recompensa llegará con una oportunidad como ésta, cuando sólo se tienen dos segundos para hacer la foto, el motivo principal ocupa una pequeña parte de la imagen, está medio en sombra y desplazado del centro.
▲ Réflex de 35 mm, objetivo 100 mm, 1/125 f5,6, Kodachrome 64

SELECCIÓN DEL OBJETIVO

El objetivo determina el ángulo visual, el tamaño del sujeto, la perspectiva y la profundidad de campo. Para más información sobre los diferentes tipos de objetivos, véase p. 24.

Ángulo visual

La distancia focal de un objetivo determina el ángulo visual y la zona de la imagen que abarca. En una cámara de 35 mm, un objetivo estándar de 50 mm cubre un ángulo de 46°, que vendría a ser el ángulo visual del ojo humano y daría aproximadamente el mismo tamaño de imagen que éste. Los gran angulares tienen un ángulo mayor y reproducen el tema a tamaño menor que un objetivo estándar. El ángulo de los teleobjetivos es menor y reproducen el sujeto a tamaño mayor que los estándar (véase también el factor de conversión de la distancia focal en p. 81).

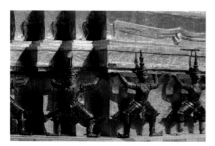

Estatuas en el Gran Palacio, Bangkok, Tailandia

Todo el mundo hace la misma foto o similar. No hay nada malo en ello, pues es un tema atractivo e interesante. Encontrar un ángulo nuevo de un tema conocido es uno de los mayores retos para el fotógrafo de viaje.

◄ Réflex de 35 mm, objetivo 100 mm, 1/125 f8, Ektachrome E100SW

No todo el mundo hace esta foto. Un cambio de objetivo y un nuevo ángulo ofrecen una imagen completamente nueva del mismo tema.

◄ Réflex de 35 mm, objetivo 24 mm, 1/250 f11, Ektachrome E100SW

Profundidad de campo

Un objetivo tiene mayor profundidad de campo cuanto mayor es su ángulo y menor su distancia focal.

Perspectiva

La perspectiva tiene que ver con el tamaño relativo y la profundidad del tema. Cuando el ángulo visual es muy abierto (gran angular), la perspectiva resalta más y los objetos cercanos parecen mucho más grandes que los del fondo. Con un ángulo visual más cerrado (objetivos de focal larga), la perspectiva se escorza y se nota menos, y los objetos lejanos parecen estar justo detrás de los cercanos.

Fisherman's Wharf, San Francisco, USA

El 4 de julio el Fisherman's Wharf está muy concurrido. La amplia perspectiva del objetivo de 24 mm sitúa al observador en el lugar y se ven los claros entre la gente.

‹ Réflex de 35 mm, objetivo 24 mm, 1/250 f11, Ektachrome

El objetivo de 180 mm muestra sólo una pequeña parte de la escena. La perspectiva en escorzo compacta a la gente y la calle parece estar mucho más llena.

‹ Réflex de 35 mm, objetivo 180 mm, 1/250 f8, Ektachrome E100SW

LUZ

Una vez habituado a los aspectos técnicos de la exposición y a las reglas de la composición, el siguiente paso es aprender los secretos de la iluminación.

▸ **En la luz está la clave de una mayor creatividad y expresión personal**

La mayor parte de las fotos de viaje se hacen a la luz del sol, pero también en interiores con luz incandescente o de noche, y con flash cuando no hay suficiente. Una cosa es la luz y otra la "luz correcta"; las claves de esta última son el color, la intensidad y la dirección. Una vez comprendidos estos elementos y conocida la forma en que se interrelacionan, se puede predecir el efecto que tendrán en un tema y decidir qué hora del día es mejor para fotografiarlo. El truco para hacer instantáneas con la luz correcta es encontrar el punto de vista adecuado en el que las condiciones sean favorables al fotógrafo, en lugar de luchar contra ellas.

Palacio de Potala, Lhasa, Tíbet, China

Si bien el fotógrafo quedó satisfecho al hacer la típica foto del Potala, le apetecía darle un toque diferente. El tiempo estaba cambiando por el oeste, así que esperó a ver qué sucedía.

◂ Réflex de 35 mm, objetivo 24 mm, 1/60 f8, trípode, Kodachrome 64, 15.00

Dos horas después la espera se vio recompensada por una luz inusual provocada por el sol rasante y una tormenta de polvo.

◂ Réflex de 35 mm, objetivo 24 mm, 1/30 f8, trípode, Kodachrome 64, 17.00

Puesta de sol en el lago Pehoe, Parque Nacional Torres del Paine, Patagonia, Chile
◂ Réflex de 35 mm, objetivo 24-70 mm, 1/160 f5,6, Ektachrome E100VS

LUZ NATURAL

Color

El color de la luz cambia a medida que el sol sigue su curso a lo largo de la jornada. En un día despejado, cuando el sol está bajo (tras el amanecer o antes del ocaso), el color de la luz es cálido y todos los objetos se transforman, bañados de un color entre amarillo y anaranjado. Esta luz realza muchos temas; vale la pena hacer el esfuerzo de estar en determinado lugar al principio y al final del día. A medida que el sol se eleva en el cielo, el color de la luz se enfría y se vuelve más "natural". Si unas densas nubes cubren el sol, la luz todavía es más fría y las fotos adquieren un tono azulado, lo mismo que un sujeto a la sombra en un día claro.

Ciudad de San Cristóbal, México

La importancia de fotografiar en diferentes momentos del día se puede ver claramente en estas tomas. A media mañana, la ciudad está iluminada por la luz del sol directo, bastante alto. A última hora de la tarde, con el sol bajo, la ciudad aparece bañada en una cálida luz amarillenta.

◂ Réflex de 35 mm, objetivo 24 mm, 1/125 f8, Ektachrome E100VS, media mañana

◂ Réflex de 35 mm, objetivo 24 mm, 1/125 f5,6, Ektachrome E100VS, última hora de la tarde

Intensidad

La intensidad de la luz natural está determinada por la posición del sol y por el tiempo atmosférico. Puede variar de un momento a otro. La luz directa del sol se convierte en indirecta cuando las nubes se interponen en su trayectoria. Una pequeña brecha en medio de unas densas nubes a ras del horizonte puede transformar una escena corriente en un espectáculo de luz en tan sólo una fracción de segundo.

El sol directo produce una luz dura que se nota especialmente al mediodía. Las sombras son cortas e intensas, y el contraste, alto. Los colores son fuertes y definidos, pero también pueden quedar atenuados por el efecto de un sol intenso y cenital.

En las dos o tres horas después del amanecer y antes del ocaso, el sol no es tan duro y los colores se reproducen naturalmente. Un ángulo más bajo provoca sombras de cierta longitud, resalta las texturas y añade interés y profundidad a los temas.

Al amanecer y al anochecer, el sol rasante alarga las sombras y acentúa texturas y formas. Con su calidez, produce una luz atractiva y muchas veces espectacular.

El sol indirecto da una luz más suave. En días nublados con mucha luz, o cuando el sol se oculta tras una nube, las sombras se debilitan y el contraste se reduce, lo que permite registrar los detalles en todas las partes de la composición. Los colores son saturados y ricos, sobre todo en los motivos cercanos a la cámara. La lluvia, la bruma y la niebla producen una luz aún más suave. Las sombras desaparecen, el contraste es muy bajo y los colores se apagan. Si las nubes son densas y hay poca luz, ésta será gris y plana.

Conductores de *rickshaw*, Durban, Sudáfrica

Las dos fotos se hicieron con unos minutos de diferencia. El primer hombre estaba al sol y el otro recibía luz indirecta. El sol hace los colores más intensos y naturales, pero las sombras del rostro son duras. La luz indirecta proporciona una mejor iluminación al retrato, pero el color de la luz es diferente, refleja la dominante azul típica de las sombras.

▲ Réflex de 35 mm, objetivo 100 mm, 1/125 f8, Ektachrome E100VS   ▲ Réflex de 35 mm, objetivo 50 mm, 1/125 f5,6, Ektachrome E100VS

Dirección

La dirección de la luz también cambia a lo largo del día. Si se tiene en cuenta por dónde incide en el tema, las fotos mejoran considerablemente. Aunque la luz incidente cambia constantemente de dirección, hay cuatro direcciones principales a tener en cuenta: frontal, lateral, cenital y posterior. Si la luz ilumina el tema desde un ángulo incorrecto, hay varias soluciones, como mover el sujeto, cambiar de sitio, esperar o volver a una hora más adecuada.

Iluminación posterior o contraluz Se produce cuando el sol está delante de la cámara. Las siluetas al atardecer son un modo clásico de usar el contraluz. Debe aplicarse bien para que los sujetos no pierdan color y detalle.

Iluminación frontal Genera fotos claras y de colores vivos. Sin embargo, las sombras se proyectan directamente detrás del sujeto, con lo que las fotos salen planas y sin profundidad.

Iluminación lateral Resalta texturas y formas y da una tercera dimensión a las fotografías.

Iluminación cenital Se produce a mediodía y es poco favorecedora; casi todos los temas aparecen con un aspecto plano y poco interesante.

Monte Everest, Parque Nacional de Sagarmatha, Nepal

La vista es espectacular. Sin embargo, el sol sale detrás de la montaña, por lo que hasta media tarde no la iluminará directamente. Vale la pena esperar a la luz lateral porque resalta los colores de la roca y la textura de la nieve, con lo que aumenta el contraste entre la nieve, la roca negra y el cielo. Para hacer ambas fotos hay que aguardar unas cuantas horas o volver más tarde (o incluso ocho años después; véase la imagen de la p. 136).

▲ Réflex de 35 mm, objetivo 180 mm, 1/30 f8, trípode, Ektachrome E100SW, primera hora de la mañana, contraluz

▲ Réflex de 35 mm, objetivo 180 mm, 1/60 f8, Ektachrome E100SW, filtro polarizador, trípode, media tarde, iluminación lateral

Pueblo de Bang'gann, Filipinas

En esta ocasión se cambió el punto de vista para variar la dirección de la luz sobre el tema. El fotógrafo anduvo 200 m por la carretera hasta el otro lado del pueblo; primero disparó a contraluz y luego a favor de la luz. Si se imagina de qué modo el cambio de posición afectará a la luz que recibe el sujeto, se puede decidir si vale la pena moverse (si sólo son 200 m por terreno llano no es importante, pero sí si se trata de subir una montaña).

◄ Réflex de 35 mm, objetivo 100 mm, 1/125 f5,6, Ektachrome E100VS, 9.15, contraluz

◄ Réflex de 35 mm, objetivo 100 mm, 1/125 f8, Ektachrome E100VS, 9.20, iluminación frontal

Plantando arroz, Lombok, Indonesia

Aunque la luz del mediodía no siempre es ideal, para el viajero es ahora o nunca. Excepto cuando el sol cae a plomo sobre el motivo, siempre hay un lado mejor desde el que fotografiarlo. Una ligera subexposición y un filtro polarizador contribuyen a mantener el color.

◄ Réflex de 35 mm, objetivo 24 mm, 1/125 f11, Ektachrome E100SW, filtro polarizador

Hojas de otoño, Australia

El contraluz acentúa la naturaleza translúcida de las hojas y colores y detalles que normalmente pasan desapercibidos.

◄ Réflex de 6 x 7 cm, objetivo 105 mm, 1/15 f11, Ektachrome 50STX, trípode

LUZ DE FLASH

El flash es una fuente de luz muy práctica que permite hacer fotos incluso en los lugares más oscuros sin tener que cambiar la película o usar trípode. Casi todas las cámaras compactas modernas y réflex lo llevan incorporado. Si no, puede acoplarse un flash externo en la zapata de la cámara o fuera de ella, en un soporte especial y conectado a la cámara con un cable.

Las fotos con flash, ya sea incorporado o externo, no suelen ser nada del otro mundo. La luz frontal y directa es dura y poco favorecedora, crea fuertes sombras en las superficies que quedan detrás del sujeto y los fondos suelen salir demasiado oscuros. Para mejorar las imágenes hay que conocer las características del flash. Si se tiene una réflex, merece la pena investigar las posibilidades del flash externo, indirecto y de relleno.

Bailarinas, Kandy, Sri Lanka

Con las cámaras modernas, un flash montado en la zapata o incorporado y ajustado en automático es una garantía de que la foto saldrá nítida y bien expuesta, siempre que el motivo esté dentro del alcance del flash. El sujeto está bien iluminado, pero el fondo se vuelve oscuro rápidamente.

◂ Réflex de 35 mm, objetivo 24-70 mm, 1/60 f5,6, Ektachrome E100VS, flash sobre zapata

Aspectos técnicos

Los flashes incorporados tienen una potencia limitada. Los sujetos normalmente han de estar a 1-5 m de la cámara para que el flash sea eficaz (consúltese el manual de la cámara o del flash para conocer las prestaciones exactas). Es inútil fotografiar con flash un acontecimiento nocturno en un gran estadio. Si la foto sale, será porque el sujeto estaba muy iluminado, no por el destello del flash. Éste sólo tendrá suficiente potencia para iluminar cuatro o cinco filas de espectadores delante de la cámara. Una película más sensible ampliará el alcance efectivo del flash o permitirá trabajar con diafragmas más cerrados y tener así mayor profundidad de campo.

Sincronización

Si se usa una réflex en posición manual, o un flash no automático, hay que seleccionar una velocidad de obturador que sincronice con el destello del flash. Tradicionalmente era de 1/60 como máximo, pero hoy día suele ser mayor (consúltese el manual de instrucciones). Si se selecciona una velocidad más alta que la de sincronización, parte de la foto saldrá negra; pero no hay problema si la velocidad es más lenta.

Ojos rojos

Si se emplea el flash directo desde la cámara para fotografiar gente, los ojos pueden salir rojos. Como el flash está encima del objetivo, la luz se refleja en los vasos sanguíneos de la retina y la película registra un brillo rojo. Este fenómeno puede reducirse:

- Pidiendo al sujeto que no mire directamente al objetivo
- Dirigiendo el flash hacia una superficie reflectante
- Aumentando la luz de la estancia para que la pupila se cierre
- Alejando el flash del objetivo

Muchas cámaras modernas tienen un mecanismo para reducir los ojos rojos; antes de que se abra el obturador emiten unos destellos para que la pupila se contraiga.

Flash externo

Si el flash se puede desplazar a un lado y encima del objetivo, los resultados son más satisfactorios porque la luz incide oblicuamente sobre el sujeto. No se produce el fenómeno de los ojos rojos y las sombras se proyectan hacia abajo, en vez de detrás. Un cable de sincronización conecta el flash a la cámara. Aunque se puede sostener el flash en una mano y disparar con la otra, es más sencillo montarlo en un soporte. Éste limita el ángulo disponible, pero pronto se aprende a prever el modo en que el flash iluminará el sujeto.

Flash indirecto

Todavía ofrece resultados más atractivos. Se necesita un flash con cabezal basculante o montar el flash externo en un soporte. La luz se dirige al techo, a una pared o a un reflector para flash, donde rebota y vuelve al sujeto. Es una luz indirecta y suave, que reduce las sombras. El inconveniente es que las paredes y los techos suelen tener alturas y colores diferentes. Si el techo es demasiado alto, no se podrá hacer rebotar el flash, y las paredes y techos de color oscuro absorben demasiada luz. La superficie debe ser blanca para que no dé ninguna dominante a la foto.

Para superar todos estos problemas, merece la pena comprar un equipo de flash indirecto, que no es muy caro. El flash con cabezal basculante refleja la luz en un reflector montado en el mismo cabezal. Los reflectores vienen en diferentes colores y son intercambiables. Un reflector dorado reflejará una luz cálida y uno plateado, una luz más fría.

Flash de relleno

Es una técnica empleada para añadir luz a las zonas en sombra con detalles importantes que de otra forma quedarían demasiado oscuras. El flash proporciona una fuente secundaria de luz que complementa la principal, normalmente el sol. Si se realiza bien, la luz del flash no debe notarse, pero si predomina sobre la luz principal, la foto parecerá poco natural.

Las técnicas de relleno han sido durante mucho tiempo exclusivas de los fotógrafos profesionales. Actualmente, muchas cámaras compactas, réflex con flash incorporado y réflex avanzadas con flash automático, cuentan con la opción de flash de relleno. Algunos se activan automáticamente y otros pueden actuar a voluntad del fotógrafo. Conviene usarlo cuando:

- La luz del sujeto es desigual, como el rostro de una persona al sol cuyo sombrero proyecta una sombra sobre sus ojos pero no sobre su nariz y su boca
- El tema está a contraluz y no se quiere reproducir en silueta
- El motivo está a la sombra contra un fondo claro

Recuérdese que el sujeto debe hallarse dentro del alcance efectivo de la unidad de flash que se esté utilizando en ese momento.

Si se utiliza una réflex menos sofisticada y un flash añadido, habrá que compensarlo para que dé menos luz que si fuera la fuente de luz principal (normalmente de un diafragma a uno y medio menos). Se ajusta la exposición para la zona más clara de la imagen, por ejemplo 1/60 y f8, mientras que el flash se ajusta para f5,6 o f4,5. Otra opción es cambiar la sensibilidad ISO del flash, de 100 a 200 por ejemplo. Ambas técnicas sirven para engañar al flash y que éste calcule que la escena necesita menos luz de la que requiere en realidad. Al reducirse la intensidad del destello, no predomina pero consigue iluminar suficientemente las zonas oscuras.

Cueva Viswakarma (del carpintero), Ellora, India

En este caso, una exposición directa con flash no habría funcionado. La estatua estaba fuera del alcance del destello y la cueva oscura de alrededor no habría resultado en absoluto interesante. El fotógrafo podría haberse acercado (y lo hizo), pero deseaba captar el ir y venir de los visitantes. Con la cámara sobre un trípode, la larga exposición captó la escasa luz ambiental y registró el movimiento de la gente por la cueva. El flash añadió la luz requerida para resaltar la presencia de la gente.

▲ Réflex de 35 mm, objetivo 24 mm, 10 s f4, Ektachrome E100VS, flash sobre zapata, trípode

Baile de monjes enmascarados en el Festival Mani Rimdu, Chiwang, Nepal

Experimentando con velocidades bajas y el flash se obtienen resultados muy interesantes. Muchas cámaras tienen un modo nocturno (véase p. 99); si no, se ajusta una velocidad lenta como si se expusiera para la luz ambiental. El movimiento de la danza aparece borroso gracias a la baja velocidad, mientras que al dispararse el flash se congela la acción y el sujeto sale nítido. Hasta que no se ha practicado suficientemente esta técnica suele fallar, por lo que conviene hacer muchas tomas para experimentar.

▲ Réflex de 35 mm, objetivo 100 mm, 1/15 f4, Ektachrome E100VS, flash sobre zapata

LUZ INCANDESCENTE

Cuando se hacen fotos en interiores o de noche muchas veces hay que contar con fuentes de luz incandescente o artificial, como bombillas eléctricas, focos o velas. Los conceptos anteriores de color, intensidad y dirección son igualmente importantes para la luz incandescente; sólo varía la fuente lumínica.

Al fotografiar en lugares poco iluminados no hay que pensar que el flash es imprescindible. En general, si una cosa se puede ver, también se puede fotografiar. Con trípode y una película de grano fino es posible disparar en condiciones de poca luz. Otra opción es usar una película más sensible y sostener la cámara a pulso.

Hay que estar dispuesto a trabajar con la luz ambiente. De este modo se podrá hacer fotos donde no conviene usar el flash (edificios iluminados, vitrinas), está prohibido (iglesias, museos, conciertos), molesta (ceremonias religiosas) o llamaría demasiado la atención.

Si se utiliza película de día con luz incandescente, las fotografías tendrán un tono entre amarillo y anaranjado, cuya intensidad variará según la fuente de luz. Esta dominante se puede neutralizar usando una película equilibrada para luz incandescente o de tungsteno (véase *Película* en pp. 43-53), o los filtros correctores 82A, 82B o 82C (véase p. 30). Sin embargo, muchas veces los colores cálidos resultan atractivos y ayudan a captar la atmósfera del lugar.

Mercado de jade, Hong Kong, China

La mezcla de luces incandescentes crea un agradable color que capta el ambiente del lugar.

◄ Réflex de 35 mm, objetivo 24 mm, 1/30 f4, Kodachrome 200 expuesta a 400 ISO

Magha Puja, Bangkok, Tailandia

En esta escena iluminada sólo con velas, la película de día reproduce la luz con un intenso tono anaranjado.

◄ Réflex de 35 mm, objetivo 24 mm, 1/30 f2, Ektachrome P1600

Buda sedente, Isurumuniya Vihara, Sri Lanka

Aunque la iluminación sólo consista en una bombilla de bajo voltaje, es increíble lo bien que salen algunas fotos. El flash suele dar frialdad a la mayor parte de los temas y reduce las fotos a meros testimonios. Con perspectivas oblicuas como ésta, el flash pierde intensidad hacia lo lejos y sólo una parte del sujeto queda correctamente expuesto. Aprovechando la escasa luz ambiental se consigue añadir vida a la colección de fotos. El trípode es imprescindible.

◄ Réflex de 35 mm, objetivo 24-70 mm, 5 s f16, Ektachrome E100VS, trípode

Espectáculo de láser en una discoteca, Bangkok, Tailandia

Fotografiar temas como éste, a la una de la madrugada, es algo que este fotógrafo no hace a menudo. La escena parecía difícil de captar, pero por suerte el espectáculo duró lo suficiente y pudo reconocer el esquema repetido y entender la lectura del fotómetro. Para pasar inadvertido, aunque tenía permiso, disparó a pulso. Ajustó la velocidad a 1/30 s y fue variando la apertura para compensar las grandes variaciones en la intensidad de la luz.

◄ Réflex de 35 mm, objetivo 24 mm, 1/30 f2, Ektachrome E100VS

Estatuas de Buda, templos rupestres de Dambulla, Sri Lanka

La luz fluorescente es la peor iluminación artificial. A menos que guste la fea dominante verdosa, se puede compensar con un filtro FL-W.

◄ Réflex de 35 mm, objetivo 24-70 mm, 10 s f13, Ektachrome E100VS, trípode

Tras ordenar y clasificar el equipo y la película, se puede hacer algo más para que el viaje sea más fotográfico. El tiempo empleado en preparativos y planes revertirá en más oportunidades y más fotografías. Es necesario familiarizarse con el equipo y la película, practicar la técnica, investigar el destino, prepararse para las condiciones en las que se espera fotografiar y pensar en asegurar la integridad del equipo y las imágenes.

PREPARACIÓN

Árboles desnudos, Parque Nacional de Cradle Mountain-Lake St Clair, Australia
◄ Telemétrica de 6 x 7 cm, objetivo 50 mm, 1/4 f16, Ektachrome E100VS, trípode

ANTES DE PARTIR

Si tomar fotografías es una parte importante de los viajes, vale la pena planearlos pensando en los objetivos fotográficos. Ir disparando sobre la marcha raramente proporciona suficientes oportunidades de encontrarse en el lugar y momento adecuados. Siempre se puede tener suerte y dar con un mercadillo semanal o un festival anual, pero con un poco de investigación se puede tener la certeza de estar presente, que será siempre mejor que dejar el lugar antes y oir luego lo estupendo que fue.

En muchos casos, incluso habiéndose informado, no queda más remedio que esperar un objetivo durante una eternidad o irse y volver después. Como la mayoría de la gente viaja con amigos, familia o compañeros, a menudo la fotografía pierde la prioridad que se le había concedido, pero con un poco de planificación se puede conseguir tener más tiempo y mejores ocasiones para tomar instantáneas sin alterar el programa. Si se va, por ejemplo, en un viaje organizado, las opciones pueden quedar muy limitadas, pero eso subraya la necesidad de planificar previamente teniendo como objetivo la fotografía.

Monje haciendo sonar una caracola, Tengboche, Nepal

Al pensar en un viaje o en un encargo fotográfico es conveniente buscar las fechas de las fiestas y los días de mercado. Esto sirve de base para estructurar el itinerario. En este caso, se organizó la ruta de 20 días a Gokyo y el campamento base del Everest, en Nepal, en función del festival anual Mani Rimdu en el monasterio de Tengboche.

◄ Réflex de 35 mm, objetivo 70-200 mm, 1/125 f2,8, Ektachrome E100VS, estabilizador de imagen

BÚSQUEDA DE INFORMACIÓN

La mayoría investiga mucho antes de ponerse en marcha, pero se pueden complementar las cuestiones obvias, como la forma de llegar, dónde alojarse y qué ver, con una investigación sobre los temas que se fotografiarán, como días de mercado y fiestas. Se puede ampliar información con las imágenes de catálogos, revistas y libros; de esta forma, se podrá decidir mejor cuándo ir, el orden del itinerario y el tiempo que habrá que dedicar a cada lugar. Un día en la Feria del Camello de Pushkar, en Rajastán, puede ser suficiente para el visitante, pero un fotógrafo puede pasar tranquilamente tres días.

Si se conoce a alguien que haya ido al mismo sitio, no está de más preguntarle lo que hizo y ver sus fotos. Esta investigación ayudará a descubrir los grandes objetivos del destino.

Monje leyendo oraciones, Bodhgaya, India
◄ Réflex de 35 mm, objetivo 100 mm, 1/125 f5,6, Ektachrome E100VS

VIAJAR ACOMPAÑADO

Centrarse en la fotografía durante unas vacaciones familiares o en un viaje organizado puede ser todo un desafío. Los itinerarios en grupo raramente se adaptan a las necesidades de un apasionado por la imagen. La única excepción son las rutas fotográficas, en muchos casos guiadas por fotógrafos de viaje experimentados. Estos desplazamientos están pensados para llevar a la gente al lugar adecuado en el momento preciso y dar prioridad a la fotografía.

No obstante, con un poco de planificación se puede sacar el máximo partido al tiempo dedicado a la fotografía adaptándose a los parámetros normales de unas vacaciones en grupo. Por ejemplo, muchas ciudades poseen miradores y con un plano se puede saber si la posición del sol será mejor por la mañana o por la tarde. Con esta información se puede sugerir visitar el lugar en el mejor momento para fotografiar.

Lo mejor es tomar uno o dos temas y cubrirlos extensamente, centrándose en ellos, pero con la intención de registrar también todo el viaje. Se pueden priorizar los mercados, dedicándoles más tiempo y película, e ir haciendo fotografías del resto del viaje sobre la marcha.

Una solución sencilla para adaptarse a los demás sin dejar de dar prioridad a la fotografía es levantarse a hacer fotos antes del desayuno. La luz suele ser la mejor, la actividad en las ciudades y los mercados está en su momento más intenso e interesante y no se molesta a nadie del grupo. Hay que considerar esta posibilidad durante la planificación del viaje para poder ponerla en práctica.

Es conveniente llevar una guía para complementar la información que se ofrece al grupo. Puede haber lugares interesantes en la zona no incluidos en la ruta y que quizá se pueden visitar por cuenta propia.

Sacerdote celebrando una *puja*, Varanasi, India

Madrugar es una buena forma de encontrar tiempo para la fotografía cuando se viaja en grupo. La recompensa son unas experiencias e imágenes que muchos se pierden, como este sacerdote celebrando una *puja* justo antes del amanecer.

◄ Réflex de 35 mm, objetivo 50mm, 1/30 f1,4, Ektachrome E200 forzada a 800 ISO (2 diafragmas)

PACIENCIA

Concederse tiempo para ver las principales atracciones mejora la calidad de las fotografías. Unos pocos minutos pueden marcar la diferencia. Puede que el sol salga o se oculte, que la persona adecuada se detenga y se coloque en el lugar ideal, que se vaya el camión de la basura que está aparcado frente al edificio más bonito de la ciudad, o que la persona que está comprando la fruta le dé el dinero al vendedor. Lo mejor es disponer de días en vez de minutos para buscar nuevos ángulos y puntos de vista, visitar los lugares en diferentes momentos del día, esperar la mejor luz o conseguir una perspectiva más amplia.

Torres del Paine, Parque Nacional Torres del Paine, Patagonia, Chile

El estudio y el tiempo marcaron la diferencia entre estas dos imágenes. Unas cuarenta personas emprendieron la ascensión de dos horas hasta el mirador para ver las espectaculares Torres del Paine. Lo hicieron por la tarde, con tiempo nublado, y sus fotografías se parecerán mucho a la primera. Además, por la tarde la luz no tiene la dirección adecuada. Al día siguiente cuatro personas subieron de nuevo antes del amanecer –una hora antes de salir el sol–. La recompensa es evidente.

▲ Réflex de 35 mm, objetivo 24-70 mm, 1/30 f8, Ektachrome E100VS, trípode
▼ Réflex de 35 mm, objetivo 24-70 mm, 1/8 f16, Ektachrome E100VS, trípode

PREPARACIÓN DEL EQUIPO

No es bueno viajar con un equipo que no se haya usado antes. Hay que revisarlo con tiempo y haberlo usado durante un temporada. Si no se tiene tiempo para familiarizarse con el material, conviene por lo menos llevar el manual.

▸ **El equipo debe revisarse y limpiarse por lo menos seis semanas antes de partir**

Así se dispone de tiempo suficiente por si hay que reparar la cámara o comprar equipo nuevo. La revisión y la limpieza básica de una réflex es rápida y sencilla:

- Se retira el objetivo y se selecciona la velocidad en la posición "B"
- Se sostiene la cámara frente un fondo liso y claro
- Se aprieta el disparador y se mantiene apretado para que el obturador quede abierto y poder mirar en el interior de la cámara
- Hay que comprobar que no haya pelos en la apertura del obturador
- Se suelta el obturador
- Se pone la cámara del revés y, con un cepillo soplador, se limpia el polvo del espejo (sin tocarlo con ninguna otra cosa) y del espacio para la película y el receptor (accionando un par de veces la palanca de avance de la película)
- Suavemente, se limpia la placa de empuje de la parte posterior de la cámara. Hay que tener mucho cuidado al acercarse a la cortina del obturador y asegurarse de que no se queda ningún pelo del cepillo
- Se pone un objetivo y, con la cámara en modo manual, se selecciona una velocidad de un segundo y la mínima apertura
- Con la tapa posterior aún abierta, se acciona el obturador. Se podrá ver cómo se abre el diafragma y en qué medida. Se puede repetir el proceso con diferentes combinaciones de velocidad y diafragma y diferentes objetivos
- Se limpian todos los objetivos y filtros, preferentemente con un cepillo soplador. Si presentan suciedad o huellas que no desaparecen, se les puede echar el aliento y frotarlos suavemente con un paño para objetivos con un movimiento circular. Si las manchas son rebeldes, hay que usar un líquido limpiador de objetivos. Si se lleva siempre un filtro *skylight*, raramente habrá que tocar el objetivo
- Con el soplador, se limpia el polvo de la parte trasera del objetivo
- Con el paño para objetivos se limpia el visor
- Se comprueba que todos los tornillos de la cámara y los objetivos estén apretados
- Los usuarios de cámaras réflex digitales deberían comprobar que el sensor de imagen de la cámara esté libre de polvo y suciedad (véase p. 60)

Luego se puede comprobar que todo va bien poniendo un carrete o tomando fotografías con todas las tarjetas de memoria. Conviene disparar con diferentes combinaciones de velocidad y apertura, comprobar el funcionamiento del temporizador y del flash y usar todos los accesorios. Tomando nota de cada fotografía se podrá identificar qué es lo que no funciona bien si aparece cualquier problema. Es conveniente hacer esto también cuando se recoge una cámara o un accesorio tras una revisión o reparación.

Una cámara compacta o un segundo cuerpo de cámara réflex es un buen seguro contra pérdidas, accidentes o averías. Basta con llevar un modelo muy básico que acepte los objetivos del equipo principal. Y no olvidar que no servirá de nada si nos roban todos los objetivos.

SEGURO DE VIAJE

Es esencial contratar un seguro de viaje. La póliza debe cubrir el equipo fotográfico. Si se lleva algo más que un equipo estándar puede que haga falta incluirlo en un seguro específico con una compañía especializada. Habrá que elaborar una lista con todo el equipo, con números de serie y precio y llevar dos copias en todos los viajes. Una se puede guardar con el dinero y la otra en la bolsa o maleta más grande. Resultará muy útil si se sufre un robo y hay que rellenar una denuncia.

Si se compra equipo durante la ruta, hay que asegurarse de que queda cubierto por la póliza de seguro contratada. Vale la pena hacer copias de la factura y enviar una a casa para demostrar la propiedad en caso de pérdida o robo de todo el equipaje. Si se tiene una póliza detallada, hay que asegurarse de incluir en ella el material recién adquirido inmediatamente.

Monte Ausangate y llanura del Upis, cordillera Vilcanota, Perú

No es difícil encontrarse lejos de un taller, así que aunque se tenga el equipo asegurado, lo último que conviene es una avería. No se puede hacer gran cosa cuando se está a mitad de una excursión de dos semanas por las montañas de Perú, pero una revisión y limpieza a fondo del equipo antes de salir de casa ayudará a reducir los riesgos.

◄ Réflex de 35 mm, objetivo 24 mm, 1/15 f16, Kodachrome 64, trípode, polarizador

A TENER EN CUENTA

Cuando se inicia el viaje y se empieza fotografiar, surgen nuevas cuestiones y desafíos. Si nunca se ha estado en el lugar, conviene estudiar los mapas para saber dónde están las cosas, la dirección de la luz en los principales puntos de interés y la mejor manera de moverse. Una vez allí hay que aprovechar todas las oportunidades. También es importante la seguridad y el cuidado de la cámara.

Rascacielos y puerto, Hong Kong, China

En Hong Kong se puede ir de compras en cualquier momento, pero no disfrutar de una panorámica clara y sin contaminación de la ciudad desde el pico Victoria. Todas las guías dejan claro que la vista desde allí es "imprescindible". De modo que, si hace bueno, no hay que retrasarlo.

▲ Réflex de 35 mm, objetivo 180 mm, 1/250 f5,6, Ektachrome 100STZ

EN LA ADUANA

A menos que se lleve una cantidad extraordinaria de equipo y película, no es frecuente tener problemas para pasar el control de aduanas . No hay que asustarse si se lee que sólo se permiten 12 carretes; no suelen ser estrictos. En caso contrario, se pueden probar tres remedios: decir que se llevan carretes para todo el grupo; decir "no vídeo", puesto que los agentes de aduanas están mucho más interesados en las cámaras de vídeo que en el equipo fotográfico; y, por último, explicar que se necesita toda esa película y equipo ¡porque su país es tan bonito...!

Tráfico nocturno, Bangkok, Tailandia

◄ Réflex de 35 mm, objetivo 100 mm, 1/4 f8, Ektachrome E100VS, trípode

EN EL DESTINO

Al llegar a un nuevo destino, es recomendable salir dispuesto a fotografiar todo lo que se mueva... demostrando cierta sensibilidad cultural, por supuesto. Una vez superada la emoción inicial, hay que tener en cuenta lo siguiente:

- Confirmar las fechas y horarios de los acontecimientos
- Confirmar los horarios de abertura de los lugares de interés
- Preguntar si está ocurriendo algo interesante en la zona. Hay tantas fiestas y celebraciones que las guías no las recogen todas
- Si se sabe que se va a celebrar un evento, no hay que desalentarse aunque la oficina de turismo no tenga ni idea. Algunas celebraciones tienen un alcance tan reducido que incluso hay lugareños que no las conocen
- Es conveniente plantear las mismas preguntas a diferentes personas del lugar. Los empleados del hotel, los taxistas, los camareros... De hecho, cualquiera que hable el idioma del visitante (o que se hable el de ellos) puede ofrecer información
- Echar un vistazo a postales, publicaciones turísticas, revistas locales y libros: dan una visión general de los lugares de interés y pueden facilitar pistas sobre puntos de observación privilegiados.
- Hablar con otros viajeros y enterarse de lo que han visto y descubierto
- Enterarse de cualquier restricción cultural y de la sensibilidad local ante la fotografía. Las fronteras suelen ser lugares delicados, así como los aeropuertos, los puentes y cualquier cosa parecida a un punto de control o una instalación militar

Si hace buen tiempo por la mañana no hay que suponer que seguirá siendo bueno por la tarde. Si se tienen claras las prioridades, conviene empezar por la primera si hace buen tiempo. Si al llegar hace mal tiempo, se puede empezar con los temas menos prioritarios que se adapten mejor a esas circunstancias.

Festival de Año Nuevo, Thimi, valle de Katmandú, Nepal

Thimi es una pequeña población a sólo 15 minutos en coche de Katmandú, pero nadie sabía nada sobre la celebración del año nuevo. En el centro de Thimi insistieron en que no se festejaba nada. La sorpresa se dio cuando al ir hacia el templo principal y a los dos minutos ya se estaba en plena la fiesta.

▲ Réflex de 35 mm, objetivo 24 mm, 1/250 f8, Kodachrome 64

Volcán desde la playa de Kuta, Bali, Indonesia

La primera vez en Kuta tomó una fotografía de la playa y el lejano volcán mientras corría a fotografiar las barcas y la puesta de sol...; suponía que al día siguiente podría repetirla. Después de volver a Kuta muchas veces en diferentes años, nunca más ha vuelto a ver el volcán desde la playa.

▲ Réflex de 35 mm, objetivo 180 mm, 1/250 f5,6, Ektachrome 100STZ

RUTINA Y HÁBITOS

Las oportunidades fotográficas aparecen y desaparecen ante los ojos en cuestión de segundos y es fácil perdérselas. Adoptar una buena rutina resulta útil para conseguir reaccionar con rapidez.

Monje novicio en el monasterio de Drepung, Tíbet, China

Para tener más probabilidades de que un objetivo no cambiará de posición cuando se dé cuenta de que se le va a fotografiar se necesita un plan. En este caso, no acercarse hasta que se está listo para disparar. Esto supone escoger el objetivo adecuado, comprobar la exposición, asegurarse de que queda película, confirmar la dirección de la luz y seleccionar el punto de vista.

◀ Réflex de 35 mm, objetivo 100 mm, 1/125 f5,6, Kodachrome 64

- Hay que llevar la cámara colgada del cuello, encendida y con el objetivo destapado
- La película siempre debe estar pasada y lista para disparar
- Es importante tener en cuenta las condiciones de luz, tener seleccionadas las especificaciones correspondientes y modificarlas a medida que cambian las condiciones. Si se opera manualmente, hay que ajustar la apertura y la velocidad según el objetivo
- Si la cámara está en modo automático, asegurarse de que la velocidad no disminuye demasiado para fotografiar a pulso
- La cámara debe llevar el objetivo que más se ajuste a las necesidades del momento. Por ejemplo, si se está en una calle muy transitada y se buscan posibles retratos de ambiente, podría ser un 24 mm
- Los zooms deben estar graduados con la distancia focal más útil para los temas que se espera fotografiar
- Conviene llevar un cuaderno y un bolígrafo para tomar nota rápidamente y con detalle de cualquier información. Tomar notas es una parte importante del proceso global de tomar fotografías de viaje. Es necesario para etiquetar las imágenes o como referencia para volver al mismo lugar en otro momento
- Hay que cambiar el carrete en cuanto se acabe y las tarjetas de memoria en cuanto se llenen, o incluso antes. Si se cree que puede aparecer una buena ocasión, es mejor cambiar el carrete en la fotografía 33, o las tarjetas de memoria cuando están muy llenas, que encontrarse con sólo un par de fotografías disponibles cuando empiece la acción
- Las tarjetas de memoria llenas se deben guardar en estuches etiquetados y separadas de las vacías, para no coger una llena en un momento de prisas
- Cuando se acaba un carrete, hay que rebobinarlo por completo para evitar utilizarlo accidentalmente
- Al terminar cada carrete conviene numerarlo

CUIDADO DE LA CÁMARA

Desgraciadamente, algo puede salir mal. En lugares remotos los problemas son mayores porque en muchos casos no hay tiendas de material fotográfico o de reparación de cámaras. El equipo puede dar todo tipo de problemas: perderse, caerse, ser robado o dejar de funcionar. La revisión y limpieza periódicas contribuyen a evitar algunos problemas, pero a otros hay que enfrentarse durante el viaje.

La revisión y limpieza básicas descritas en la p. 126 deben hacerse cada dos semanas mientras se viaja. Cada día conviene comprobar los objetivos y los filtros, para evitar que se acumulen el polvo y las huellas dactilares, que hay que eliminar inmediatamente, puesto que pueden provocar destellos y una pérdida de definición, tanto en cámaras compactas como réflex.

Si el viaje es largo, no es mala idea revelar un carrete de vez en cuando para asegurarse de que todo va bien. Si se usan diapositivas, basta con comprar un carrete de 12 exposiciones de negativo en color.

Si la cámara sufre una avería no se puede hacer gran cosa más que llevarla a la tienda de fotografía más cercana. Si es una cámara nueva y se abre para intentar arreglarla, la garantía quedará invalidada. Si se ha atascado, lo primero que hay que hacer es rescatar la película. Si se está en una ciudad, se puede hacer en la mayor parte de tiendas de fotografía. Si no, se puede crear una cámara oscura portátil metiendo la cámara en el interior de una chaqueta, doblándola por el cuello y la parte inferior y accediendo a la cámara metiendo las manos por las mangas. Otra opción es meterse de cabeza en un saco de dormir. Hay que apretar el botón de rebobinado para liberar el eje de agarre, abrir la parte trasera, retirar el carrete y rebobinar la película manualmente. Luego conviene limpiar la parte trasera de la cámara por si la película se ha roto y han quedado trozos.

Aldeanas aventando cebada, Chhuksang, Mustang, Nepal

Mustang es un reto para el equipo, ya que el viento sopla fuerte todos los días por el árido valle del Kali Gandaki. Por si no fuera suficiente, estuvo un tiempo cerca de las aldeanas mientras aventaban con furia el grano, aprovechando el fuerte viento. A pesar de que durante el resto del viaje aparecieron restos de cebada en la bolsa de la cámara, la cámara se limpió a fondo esa misma noche.

▲ Réflex de 35 mm, objetivo 24 mm, 1/125 f8, Ektachrome E100VS

PROTECCIÓN ANTE EL TIEMPO

Las condiciones climatológicas pueden cambiar de pronto, así que hay que estar preparado. Que haga un día soleado al dejar el hotel no significa que una hora después no haya una tormenta de polvo. El tiempo variable suele traer momentos de luz espectacular y variaciones en la actividad de los lugareños, así que hay que echarse a la calle y disfrutar de las fantásticas oportunidades fotográficas. Para aprovechar las situaciones inestables, inhabituales o difíciles sin poner el equipo en peligro hay que protegerlo.

Humedad

La lluvia o la nieve no obligan a guardar la cámara. La mayor parte de cámaras soportan bien unas gotas; sólo hay que secarlas bien en cuanto se llega a un lugar a cubierto. A menos que alguien se preste a sostener un paraguas, disparar con una mano mientras se aguanta el paraguas con la otra no es fácil –especialmente porque la luz será escasa–. Hay que guardar la cámara bajo la chaqueta entre tomas. Una solución rápida y fácil es el "viejo truco" de la bolsa de plástico y la goma elástica. Se practica un orificio en el fondo de una bolsa, justo para el objetivo, y se usa una goma elástica para ajustarla detrás del parasol. Así se podrá acceder al visor y al botón de disparo a través de la abertura original de la bolsa. El parasol protege el filtro de la lluvia o la nieve, pero conviene revisarlo a menudo y secarlo si hace falta. Algunas bolsas para cámaras disponen de una carcasa protectora para la lluvia. En caso de no tenerla, una bolsa de plástico grande es fácil de llevar y puede servir.

Festival Songkran, Bangkok, Tailandia

Aunque haga buen día, las cámaras resistentes a la lluvia, o incluso sumergibles, son una ventaja cuando la fiesta consiste en remojar a todos los presentes.

▲ Telemétrica submarina de 35 mm, objetivo 35 mm, 1/125 f8, Ektachrome E100VS

Arrozales en terrazas, Banaue, Filipinas

A menudo, tras una lluvia intensa llega una luz estupenda. Si el fotógrafo y el equipo están bien protegidos, pueden permanecer en el lugar adecuado para tomar imágenes en vez de ir a resguardarse. Esta fotografía se tomó en un momento entre chaparrones.

▲ Réflex de 35 mm, objetivo 50 mm, 1/125 f5,6, Ektachrome E100VS, polarizador

Frío extremo

La mayor parte de cámaras modernas funcionan perfectamente hasta 0°C. Las mecánicas responderán bien hasta temperaturas de unos −10 o −15°C. El principal problema con temperaturas muy bajas es que las pilas fallan. Se puede solucionar si se extraen las pilas y se calientan con las manos. Para reducir los problemas, conviene mantener la cámara y las baterías a buena temperatura hasta empezar a disparar. Si se va a salir con la primera luz del alba, se puede meter la cámara en el saco de dormir durante la noche. Al ponerse en marcha con el frío de la madrugada la cámara debe protegerse bajo la chaqueta hasta el momento de usarla, disparar y volver a meterla bajo la chaqueta.

Monte Everest desde Kala Pattar, Parque Nacional de Sagarmatha, Nepal

Cuando hace tanto frío y viento que resulta difícil incluso sostener la cámara junto al ojo, no sólo el equipo debe demostrar su resistencia: ¡también el fotógrafo!
Es importante llevar la ropa y el equipo adecuados para poder estar en el lugar oportuno en el momento idóneo.

◂ Réflex de 35 mm, objetivo 24-70 mm, 1/125 f8, Ektachrome E100VS

En casos de frío extremo la película se puede volver frágil y romperse. Es recomendable correr y rebobinar el carrete despacio. Si se rebobina demasiado rápido también se generan descargas estáticas que aparecerán como motas o rayas azul claro en la película.

La condensación también puede ser un problema. Al cambiar la película y los objetivos no hay que echar el aliento sobre la parte trasera de la cámara o el objetivo y hay que asegurarse de que no entra nieve. Al acceder a una sala templada la humedad se condensa en las frías superficies de metal y cristal, formando unas gotas de agua minúsculas. Al volver a salir, esa agua se congelará. Para evitarlo, conviene limpiar la humedad y no abrir la parte trasera de la cámara o cambiar los objetivos hasta que se hayan atemperado.

En condiciones de frío extremo hay que evitar tocar las partes metálicas de la cámara con la piel, puesto que se puede pegar. Estos problemas no suelen presentarse por encima de los −10°C. Hay que usar un visor grande y cubrir las partes de metal con cinta para evitar que la cara entre en contacto con ellas.

Calor y humedad

El calor extremo puede fundir la cola que fija los elementos del objetivo, pero el mayor problema son los daños que causa a la película. Ésta también es sensible al calor y si se calienta demasiado las fotos pueden quedar de color rosa. En realidad, la película soporta temperaturas mucho más altas de lo que parece, pero es mejor tomar precauciones. Es recomendable:

‣ Tener en cuenta que el piso de los autobuses y los coches se pueden calentar mucho en trayectos largos, especialmente cerca del motor
‣ No dejar carretes en habitaciones de hoteles baratos que a mediodía pueden convertirse en hornos
‣ Nunca exponer el equipo o los carretes a la luz directa del sol
‣ Nunca dejar el equipo o los carretes en un coche, especialmente en la guantera

Un alto nivel de humedad también acelera el proceso de deterioro natural de la película y puede provocar la aparición de hongos en el equipo y los carretes. Cuando se viaje a climas húmedos, siempre deben llevarse en la bolsa bolsitas de sílice (se pueden comprar en las tiendas de fotografía), que absorben la humedad.

El paso de una sala con aire acondicionado al calor del exterior provoca condensación en los objetivos y en los visores que puede tardar hasta 10 minutos en desaparecer. En cuanto se salga, conviene sacar la cámara y los objetivos de la bolsa y quitar las tapas frontal y trasera para que la condensación desaparezca de forma natural. No hay que esperar hasta encontrar la primera ocasión para una fotografía, o se perderán unos minutos preciosos limpiando el objetivo, incluida la parte trasera, que es mejor no tocar.

Agua salada

El agua salada puede provocar daños irreparables a la cámara. Cuando se toman fotografías junto al mar, hay que proteger la cámara con una bolsa de plástico (véase p. 134) y mantener la bolsa cerrada. Las cámaras también se pueden proteger de las salpicaduras de agua de mar limpiándolas con un trapo impregnado en WD40 (o cualquier sustancia que repela la humedad).

En una barca, lo mejor es colocar el equipo y la película en bolsas de plástico fuertes y de cierre hermético. Si se cae una cámara al mar, lo único que se puede hacer es lavarla con agua dulce lo antes posible para eliminar la sal. Las posibilidades de supervivencia de la cámara no son muchas.

Arena y polvo

La arena y el polvo son enemigos mortales del equipo fotográfico. Si se está en un ambiente arenoso o polvoriento y empieza a soplar el viento es necesario proteger especialmente el equipo y la película. Un solo grano de arena en el lugar determinado puede provocar el bloqueo de un objetivo o, si se introduce en la ranura de un carrete, rayar con una línea recta toda la película.

Ghats para el baño, Varanasi, India

Esta tormenta de arena barrió inesperadamente el río Ganges y el color e intensidad de la luz cambiaron drásticamente, lo cual demuestra que incluso en días aparentemente perfectos hay que estar preparado para verse cubierto de arena, agua de mar o lluvia.

▲ Réflex de 35 mm, objetivo 24 mm, 1/125 f5,6, Kodachrome 200

Para evitar daños es recomendable:

▸ Evitar abrir la parte posterior de la cámara o cambiar objetivos si hay arena o polvo en el ambiente
▸ Soplar y limpiar la arena y el polvo lo antes posible, y de nuevo antes de abrir la parte trasera de la cámara
▸ No dejar la bolsa del equipo sobre la arena
▸ Si las condiciones ambientales son especialmente malas, se puede meter la cámara en una bolsa de plástico grande o guardar el equipo en bolsas de plástico dentro de la bolsa de la cámara. Cuando el nivel de humedad sea alto no conviene dejar el equipo en bolsas durante más de un par de horas
▸ La bolsa de la cámara debe permanecer herméticamente cerrada
▸ Usar la técnica de la bolsa de plástico para disparar y cambiar el carrete (véase p. 134)

SEGURIDAD

Los turistas y sus cámaras son atractivos para los ladrones, pero la preocupación excesiva por la seguridad no sólo hace la fotografía menos divertida, sino que puede acabar por impedir tomar fotos. Una cámara no sirve de nada en casa, en el hotel o en el fondo de la mochila. Si se toman las debidas precauciones y se está atento, se puede tener la cámara a mano sin correr riesgos:

- Las cámaras, los carretes y las tarjetas de memoria deben llevarse en los aviones como equipaje de mano. En el viaje de vuelta se puede facturar parte del equipo
- Es mejor llevar la bolsa de la cámara en bandolera, no al hombro: así es más difícil sufrir un tirón
- La cámara debe ir colgada del cuello, no del hombro
- No hay que llevar el equipo en una bolsa de aspecto lujoso con la marca "Nikon" perfectamente visible
- Si se viaja en trenes de noche, usar la bolsa a modo de almohada, cubierta con una chaqueta
- Si se va a salir sin la cámara, lo mejor es guardarla bajo llave en la bolsa o maleta más grande, en vez de en una bolsa de equipo fotográfico. Si se lleva más de una cámara, conviene separarlas
- Si la bolsa se abre por arriba, hay que cerrarla entre cada fotografía
- No que dejar el equipo en el coche, especialmente carretes o tarjetas de memoria usados
- Nunca hay que dejar el equipo en los compartimentos para maletas de trenes, barcos o autobuses. En otras palabras, nunca hay que perderlo de vista
- Nunca se debe facturar equipaje con película dentro
- Los carretes y las tarjetas de memoria se deben guardar con el dinero en la caja fuerte del hotel
- Si se apoya la bolsa en el suelo, conviene meter el pie por el interior de la correa

REVELADO DE LA PELÍCULA

Los negativos en color se pueden revelar a buen precio y con seguridad en la mayor parte de poblaciones. Si un laboratorio es bueno, tendrá público local (como los restaurantes), de modo que si un establecimiento está lleno, probablemente dará buena calidad.

En las grandes ciudades es fácil encontrar laboratorios para revelar diapositivas en color. Si se tienen dudas sobre la calidad del trabajo de un laboratorio, lo mejor es no dejarles la película. Se puede revelar un carrete de prueba antes de arriesgar todas las fotografías del viaje. Si no se dispone de lupa, se puede usar un objetivo para ampliar las diapositivas, mirando por la parte frontal. Un objetivo de 100 mm es ideal.

ENVÍO DE LA PELÍCULA

Si el viaje dura mucho tiempo (más de tres meses) puede considerarse la posibilidad de enviar la película a casa por razones prácticas y de seguridad. Si se ha revelado, muy pronto se verá que los paquetes de copias y las cajas de diapositivas montadas ocupan mucho más espacio y pesan más que los carretes nuevos.

Si se decide enviar material revelado, lo mejor es remitir los negativos y las copias por separado, con una semana de diferencia y desde diferentes oficinas de correos. Si se han numerado los carretes por orden, es mejor separar pares e impares y enviarlos en dos grupos, también en días separados y desde diferentes lugares. Si ocurre lo peor, no se perderá un bloque entero de imágenes de una parte del viaje.

Es recomendable expedir los carretes sin revelar a través de uno de los principales servicios de mensajería en vez de hacerlo por correo. El gasto extra está justificado. El envío de carretes sin revelar plantea de nuevo el problema de los rayos X. Los paquetes pueden pasar por máquinas de rayos X, pero dependiendo de la compañía y de los países de origen y destino puede conseguirse el compromiso por parte de la agencia de que no se pasará el paquete por los rayos X, aunque el riesgo siempre existe. Conviene indicar en los paquetes que llevan película sin revelar: *not to be x-rayed* ("no pasar por rayos X"). No está de más avisar que la película va de camino, para que la lleven al laboratorio y la revelen, o la guarden en un lugar fresco, como la nevera.

Hay infinitos temas para fotografiar durante un viaje. Este capítulo ilustra y trata cuestiones específicas para conseguir las mejores imágenes de los temas más comunes.

EN RUTA

Mujeres secando saris, Varanasi, India
‹ Réflex de 35 mm, objetivo 24 mm, 1/60 f8, Ektachrome E100VS

GENTE

Fotografiar bien a las personas es una de las empresas más difíciles para cualquier viajero. Cada día le rodean cientos de sujetos dignos de ser fotografiados, pero el paso de imaginar una instantánea a hacerla no es fácil de dar para la mayoría. A menudo se reprime de fotografiar por timidez, por no atreverse a pedir permiso, o por temor a no ser comprendido o a invadir la intimidad de las personas. A veces incluso surge un sentimiento de culpabilidad, sobre todo cuando las personas a las que se fotografía viven en la pobreza.

Las imágenes de gente pueden dividirse en dos grandes grupos: retratos y retratos contextualizados. Unos son primeros planos de una persona; los otros incluyen el ambiente en que se mueve el sujeto.

Hay dos formas de enfocar la fotografía de personas. Una es pasar cierto tiempo con ellas para llegar a conocerlas, o al menos pasar un tiempo en el lugar donde viven. En teoría, así se consigue un mayor acercamiento y unas fotos más relajadas y naturales. La otra forma es llegar, hacer las fotos y marchar. Los viajeros casi siempre encajan en el segundo tipo, quieran o no.

▸ **Fotografiar personas será más cómodo, y los resultados mejores, si se es capaz de componer y tomar decisiones técnicas rápidamente**

El equipo debe manejarse con desenvoltura. Un método infalible para no conseguir fotografiar personas es ponerse a manipular torpemente la cámara delante de ellas. La gente se vuelve tímida enseguida y deja de hacer lo que hacía para adoptar una pose. Es importante desarrollar técnicas para que fotografiar gente sea más sencillo e influya lo menos posible en la actividad del fotografiado.

Antes de acercarse hay que planificar la foto y decidir si incluirá el contexto o se hará vertical u horizontal. Habrá que tener una idea del punto de vista que se adoptará, estudiar la luz que recibe el rostro del sujeto y mirar de dónde viene, para poder colocarse bien a la primera. Cuando haya dado su permiso para hacer la foto, la persona seguirá la cámara con los ojos. Un mínimo cambio de ángulo puede ser fundamental. Si el sujeto está al sol y lleva sombrero, tendrá medio rostro en sombra, lo que puede solucionarse pidiéndole que levante un poco la cabeza o se eche el sombrero ligeramente hacia atrás.

En las fotos de personas hay muchos factores que pueden echar a perder el resultado, como la falta de nitidez debida a un mal enfoque o el movimiento del sujeto, los ojos cerrados al parpadear, una expresión poco favorecedora (sobre todo si la persona está hablando) y la mirada desviada si la persona está distraída o es tímida. La gente suele relajarse un poco después de oír el clic de la cámara, pensando que ya se ha terminado; un segundo disparo puede captar una pose más natural.

Indígena norteamericano, Washington, DC, EE UU
Mientras esperaba el turno de su grupo en el desfile del Día de la Independencia, este hombre estaba contento de que lo fotografiaran pero no miró al objetivo. El modo en que la gente reacciona ante la cámara siempre resulta interesante. Algunos posan, otros se apartan y otros hacen como si nada. La variedad de reacciones es lo que da carácter y personalidad a una colección de retratos.
◂ **Réflex de 35 mm, objetivo 100 mm, 1/125 f5,6, Ektachrome E100VS**

COMUNICACIÓN

Algunos fotógrafos piden permiso antes de disparar y otros no. De hecho, es una decisión personal y a menudo depende de cada caso. Preguntar permite usar el objetivo más adecuado, acercarse lo bastante para llenar el encuadre, hacer varios disparos, así como comunicarse con el sujeto si es necesario. En general, pocas personas se niegan a ser fotografiadas cuando se les pregunta primero.

Si se niega, lo cual puede ser bastante desalentador, es un error pensar que todas las personas se negarán. Naturalmente, primero hay que asegurarse de que no exista ningún motivo cultural o religioso que limite o prohíba las fotografías. En caso de duda, pregúntese a alguien del lugar.

La forma de dirigirse a las personas influirá en su respuesta. Simplemente sosteniendo la cámara en la mano con una sonrisa suele bastar para comunicar la intención. También puede aprenderse la frase para pedir permiso en el idioma local; es lo más educado, pero puede resultar menos efectivo que los signos. Intentar hablar en su lengua es complicado y tal vez habrá que repetir la frase diez veces para hacerse entender.

Conviene acercarse a la persona con confianza y disparar rápidamente. Actuando rápido aumentan las posibilidades de captar imágenes más espontáneas y naturales. Es muy frustrante ver que la persona de quien se pensaba sacar una foto perfecta, cambia de postura al notar que la están fotografiando. Si se ponen rígidas delante de la cámara, es tarea del fotógrafo conseguir que se relajen. A menudo da buen resultado tomar una primera foto con la pose que hayan adoptado y luego descansar un rato o hablar con ellas antes de intentarlo de nuevo. También se puede mostrar la pose deseada adoptándola uno mismo.

Dirigirse a las personas para pedirles permiso produce imágenes más satisfactorias que intentar robar las fotos a distancia. La gente desconfiará más de las intenciones del fotógrafo y estará menos dispuesta a colaborar si lo descubren apuntándoles con el teleobjetivo desde la sombra. Lo cierto es que hay que estar bastante cerca, aun con un 200 mm, para hacer un retrato que llene todo el encuadre. Por todo ello, es mejor mostrar abiertamente lo que se está haciendo.

Una buena forma de empezar a hacer retratos es fotografiar a las personas que venden cosas o proporcionan servicios. Tras un paseo en *rickshaw* o después de comprar algo en un puesto del mercado, se puede pedir a la persona permiso para hacerle una foto. Raras veces se negará.

QUÉ PAGAR PARA FOTOGRAFIAR

En los destinos turísticos más comunes puede que la gente pida dinero a cambio de una foto. Aunque se considere un intercambio justo y razonable, puede llegar a ser tedioso y desanimar al fotógrafo. Desde luego, no hay que ofrecer dinero si no lo piden, pero si se diera el caso, hay que estar dispuesto a pagar o marcharse. Esto dependerá de lo importante o única que se considere la foto en cuestión. En este caso, el autor de este libro no da dinero a los niños, pero sí hace donativos a los *sadhus*, u hombres santos del subcontinente indio, así como a los mendigos y a la gente pobre cuando se lo piden, y siempre que hay una urna oficial de donativos.

Hay que convenir el precio por adelantado para evitar posteriores problemas. Conviene llevar monedas y billetes pequeños en un bolsillo que esté a mano y que no sea el mismo donde se lleva el resto del dinero.

La gente a menudo pide que se les envíe una foto. Si se apunta el nombre y las señas con la promesa de mandársela, hay que cumplirla. Si no, el próximo viajero lo tendrá más difícil y los turistas adquirirán mala fama. Recuérdese que, una vez en casa, hacer las copias y tomarse la molestia de mandarlas a una docena de gente extraña en lugares lejanos no es tan sencillo como parece cuando se toman los nombres y direcciones alegremente.

Sadhu, Pashupatinath, **Nepal**

Hay algunas personas con las que es mejor ser sincero y preguntar cuánto cuesta hacerles unas fotografías. Este joven *sadhu* (hombre santo) realizó de buen grado una serie de posturas de yoga a 10 rupias la pose. Se tuvo que poner fin a la sesión al ver que las posturas que podía hacer eran infinitas.

‹ Réflex de 35 mm, objetivo 50 mm, 1/125 f8, Ektachrome E100VS

RETRATOS

Hacer primeros planos de personas es difícil y a veces desesperante, pero si se obtienen buenos resultados, las fotos del viaje tendrán mayor fuerza y serán más interesantes, con lo que la satisfacción personal será mayor.

▶ **Las imágenes son más impactantes si el sujeto llena el encuadre**

Hay que evitar los fondos demasiado abigarrados o que tengan manchas de color muy claras u oscuras. La mirada no debe distraerse del rostro del sujeto. Siempre hay que enfocar los ojos; no importa si otros rasgos quedan desenfocados. Si los ojos no están nítidos, la fotografía no será buena.

La exposición se mide para el rostro, pues es la parte más importante de la foto. El objetivo ideal para retratos tiene una focal entre 80 y 105 mm. Los objetivos de este tipo suelen llamarse de retrato porque dan una perspectiva que favorece al rostro. También permiten llenar el encuadre con una composición de cabeza y hombros trabajando a una distancia cómoda del sujeto. Si se usa un zoom, primero se ajusta a 100 mm y luego el fotógrafo se coloca en la posición más conveniente para garantizar una perspectiva agradable. La veloci-

Sadhu, Pashupatinath, Nepal

Si bien es atractivo que los retratados miren al objetivo, cuando están concentrados, es preferible que conserven la naturalidad. En la fotografía, un *sadhu* (hombre santo) se aplica crema de sándalo en el rostro.

◀ Réflex de 35 mm,
objetivo 70-200 mm, 1/200 f8,
Ektachrome E100VS

Mujer de Ghandrung, región del Annapurna, Nepal

Mirando pasar el mundo (y los excursionistas occidentales) desde su galería, esta mujer resumía el espíritu de los habitantes del Himalaya en su rostro curtido, afectuoso y digno. El fotógrafo se alojó en el pueblo y la primera vez que la vio estaba sentada de espaldas al sol. Volvió más tarde y la encontró de nuevo, pero esta vez el sol le iluminaba el rostro y había suficiente luz lateral para resaltar las arrugas.

▲ Réflex de 35 mm, objetivo 100 mm, 1/125 f8, Kodachrome 64

Mujer de Zinacantán, México

El fotógrafo había leído que el pueblo indígena tzotzil había prohibido la fotografía. Al preguntar en el lugar dedujo que no era así, pero sí había algunas restricciones y tenía que actuar con delicadeza. Para evitar problemas se hizo acompañar por un guía local que le presentó a una familia que estuvo encantada de dejarse fotografiar.

▲ Réflex de 35 mm, objetivo 100 mm, 1/125 f4, Ektachrome E100VS

dad debe ajustarse a 1/125, como mínimo, para evitar que la persona se mueva y la imagen salga borrosa. Una apertura generosa (f2–f5,6) asegurará que el fondo quede desenfocado y contribuirá a minimizar cualquier distracción. Componiendo la fotografía verticalmente se evita que quede un espacio a ambos lados que podría distraer del motivo principal. En situaciones de poca luz, cuando no es posible sostener la cámara a pulso, póngase una película más sensible antes que usar el flash.

Si la cámara es compacta, hay que recordar que uno no debe acercarse más de la distancia mínima de enfoque (normalmente 1 m).

Un cielo nublado es ideal para los retratos, pues proporciona una luz suave y uniforme que elimina las sombras duras y suele ser muy favorecedora. Además, permite hacer fotos de personas en cualquier lugar y trabajar en modo automático para disparar rápido.

Jefe africano, Phe Zulu, valle de Umgeni, Sudáfrica

De visita al pueblo de Phe Zulu fueron invitados a la cabaña del jefe. Éste estaba sentado al fondo, casi a oscuras, y les explicaba su misión en el pueblo. En la oscuridad, el flash incorporado habría iluminado la escena a toda potencia y las fotografías habrían salido sobreexpuestas. Por eso se le pidió si podía salir a la entrada de la cabaña, a lo que accedió gustoso.

◄ Réflex de 35 mm, objetivo 100 mm, 1/125 f8, Ektachrome E100VS

RETRATOS CONTEXTUALIZADOS

Añaden contexto al retrato y dan al observador más información sobre la persona retratada. Para estos retratos son adecuados los gran angulares. El campo visual más amplio del objetivo de 24, 28 o 35 mm permite acercarse al sujeto y a la vez incluir en el encuadre bastante información sobre el lugar donde se encuentra. Pueden usarse velocidades bajas para aumentar la profundidad de campo; esto es importante porque el entorno es parte esencial de la fotografía. Conviene acercarse bastante para que nada se interponga entre la cámara y el sujeto. Esta técnica es ideal en lugares con mucha gente, como mercados y calles transitadas.

Tejedores, Bulawayo, Zimbabwe

En las industrias de Bulawayo los tejedores trabajan en los telares. Se decidió fotografiar a éste porque tenía una ventana al lado. La luz ambiental aseguró la naturalidad de los colores y conservó la atmósfera del lugar.

◄ Réflex de 35 mm, objetivo 24 mm, 1/125 f5,6, Ektachrome E100VS

Cigarrero, Trinidad, Cuba

La gente trabajando constituye un excelente tema para retratos contextualizados. Como están ocupados, no suelen cohibirse. Este cigarrero trabajaba en una habitación oscura, pero abriendo los postigos de una ventana lateral se tuvo luz suficiente para sostener la cámara a pulso con película normal de 100 ISO.

▲ Réflex de 35 mm, objetivo 24 mm, 1/60 f4, Ektachrome E100VS

Alfareros en Bhaktapur, valle de Katmandu, Nepal

En el barrio alfarero de Bhaktapur, la tercera ciudad más importante del valle, las cerámicas recién hechas se ponen a secar al sol. Este retrato muestra lo que hacen estos hombres y dónde están. El gran angular de 24 mm permite mostrar el detalle del trabajo e incluir a la vez el fondo como contexto.

▲ Réflex de 35 mm, objetivo 24 mm, 1/60 f8, Kodachrome 64

GRUPOS

La gente se reúne en grupos grandes o pequeños por diversos motivos: esperar el autobús, ver un espectáculo callejero, comprar en una parada del mercado e incluso observar al extranjero tomar fotos. A diferencia de las fotos formales que se suelen hacer posando, los grupos que el viajero encuentra resultan mejor si se tratan de modo informal, fotografiándolos tal como se presentan. Cuanto más numeroso sea el grupo, menos posibilidades hay de que todo el mundo salga bien, así que conviene hacer todas las fotos que se pueda.

Una vez fotografiado el grupo, se puede cambiar algún miembro de posición, o mover el zoom, para retratarlo individualmente.

Familia de Bodhnath, valle de Katmandu, Nepal

A veces hay que reunir al grupo para fotografiarlo. Esta familia paseaba con sus mejores galas alrededor de la *stupa* de Bodhnath para celebrar el Losar (Año Nuevo tibetano), pero estaba muy desperdigada. Después de pedir permiso a una de las mujeres para hacer una fotografía, ésta fue en busca del resto. Sólo faltaba conseguir que mirasen todos a la cámara.

◂ Réflex de 35 mm, objetivo 24-70 mm, 1/160 f8, Ektachrome E100VS

Familia en la ventana, Bhumtang, Bhután

La familia se asomó por la ventana de su tienda al oír hablar inglés. Con la cámara compacta en la mano, el fotógrafo se apresuró a disparar por no perder la fotografía cambiando de cámara.

▴ Compacta de 35 mm, Kodacolor 100

Familia en su casa de Cholon, ciudad de Ho Chi Minh, Vietnam

El fotógrafo estaba buscando un punto de vista elevado para fotografiar el mercado de Cholon y le invitaron a subir a una casa. Toda la familia salió con el fotógrafo al balcón. Antes de pedir permiso para hacer la foto, puso el objetivo de 24 mm y ajustó la velocidad y el diafragma. La sugerencia de fotografiarles les hizo reír y mientras se ponían bien, pudo hacer una fotografía de grupo con mucha vida y un aire espontáneo de diversión. No se puede pedir a la gente que pose así.

▲ **Réflex de 35 mm, objetivo 24 mm, 1/125 f8, Kodachrome 64**

Familia haciendo una ofrenda, Allahabad, India

Las probabilidades de hacer una buena fotografía de grupo disminuyen cuantas más personas lo forman. En una ocasión como ésta, el fotógrafo siempre dispara siete u ocho veces para evitar los ojos cerrados y las expresiones raras tan frecuentes.

▲ **Réflex de 35 mm, objetivo 100 mm, 1/125 f8, Ektachrome E100VS**

NIÑOS

Muchas personas se sienten más cómodas fotografiando niños que adultos. A los pequeños suele gustarles mucho que les hagan fotos y a menudo dan tiempo suficiente para hacerles varias tomas.

Un modo estupendo de romper el hielo con los niños, y de recompensarles, es dejarles mirar por el visor de la cámara. Les atrae mucho, sobre todo si se trata de un teleobjetivo. Se recomienda apagar la cámara, pues algunos niños descubren rápidamente cómo pulsar el disparador. Si se usa una cámara digital, mostrarles la pantalla LCD con el resultado les encanta aún más.

Niña de Sonamarg, Cachemira, India

Esta imagen posee todos los elementos que el fotógrafo busca en un retrato: un rostro interesante, una pose natural, una expresión única, la mirada fija, nada que distraiga y un fondo que complementa los colores del sujeto. La niña le dejó hacerle una fotografía antes de salir corriendo para reunirse con sus amigos.

◂ Réflex de 35 mm, objetivo 100 mm, 1/125 f5,6, Kodachrome 64

Monje novicio, monasterio de Tengboche, Khumbu Himal, Nepal

Durante la preparación del festival anual del monasterio, este novicio se divertía con el fotógrafo haciéndole cucú para desaparecer entre sus compañeros cada vez que se acercaba la cámara. Por suerte, insistió tanto que al final lo atrapó.

▲ Réflex de 35 mm, objetivo 100 mm, 1/125 f4, Ektachrome E100SW

Escolares, Kashgar, China

Volviendo de la escuela, estos jóvenes uigur estaban deseosos de posar ante la cámara; de hecho, fue idea suya. Cuando se recorren las calles para hacer fotografías, es mejor llevar la cámara a la vista. Los niños se lo pidieron al verla.

▲ Réflex de 35 mm, objetivo 24 mm, 1/125 f5,6, Kodachrome 64

COMPAÑEROS DE VIAJE

Las fotos que se hacen de la familia y amigos deben tratarse con la misma seriedad que los retratos de otras personas. Un buen sistema para conseguir buenas imágenes de los compañeros de viaje es buscar situaciones en las que se relacionen con la gente del lugar o estén ocupados en algo interesante. Salen fotografías mucho más gratificantes que si se les pide que miren a la cámara. Por ejemplo, mientras regatean por un recuerdo, cargan bultos en el autobús o miran las estatuas de un templo. De este modo las fotografías captarán la experiencia de viajar de un modo más activo que pasivo.

En bicicleta por Rajastán, India

Para contrastar con las multitudes de la ciudad, necesitaba una tranquila imagen rural. Imaginando el lugar donde los ciclistas y la mujer se encontrarían, el fotógrafo compuso la toma y esperó el momento.
▲ Réflex de 35 mm, objetivo 100 mm, 1/250 f5,6, Ektachrome E100SW

Mercado callejero, India

En todos los pueblos en los que el grupo paraba mientras recorría Rajastán en bicicleta la gente acudía en masa. Para captar esta imagen se buscó un sitio desde donde se pudiera tener un buen punto de vista sin que la multitud engullera al fotógrafo y pidió a un compañero que echara un vistazo a lo que se vendía. En un minuto había una multitud congregada a su alrededor.

▲ Réflex de 35 mm, objetivo 24 mm, 1/125 f11, Kodachrome 64

De compras en el mercado tibetano, bazar de Namche, Nepal

Debería ser fácil hacer fotografías naturales de los amigos. Si no se consigue captarlos en el lugar adecuado y en el momento justo, hay que inventarlo. Lo más difícil es recordar que se deben tratar con la misma seriedad que otros temas.

▲ Réflex de 35 mm, objetivo 24-70 mm, 1/125 f6,3, Ektachrome E100VS

PAISAJES

Cuando miramos una escena recorremos con la vista una amplia zona y percibimos su color, belleza, proporciones y detalles principales, pero no vemos los cables de electricidad ni las papeleras porque nuestra imaginación crea una imagen perfecta. En cambio, la cámara lo ve todo; no sabe que no queremos incluir en la fotografía el edificio de los lavabos de la izquierda o la señal de "Prohibido el paso" de la derecha.

Ante un bello escenario a veces nos sentimos tentados de usar el objetivo más corto con el afán de incluirlo todo, pero una fotografía de paisaje no tiene por qué abarcar toda la escena. Vale más aislar algunos elementos que digan algo del entorno y complementen las vistas panorámicas. Como en toda buena composición, el paisaje debe poseer un centro de interés, un detalle principal que atraiga la atención. La elección de un objetivo apropiado juega un papel importante en este sentido.

Los gran angulares aumentan el primer término y las dimensiones del cielo, exageran las líneas y reducen las dimensiones. Por ello hay que asegurarse de que el primer plano y el cielo sean interesantes e importantes en la composición. Los teleobjetivos permiten aislar una parte de la escena y comprimir la perspectiva, haciendo que los elementos del primer término y del fondo parezcan más próximos entre sí. Aquello que se enfoca se reproduce aumentado.

Al fotografiar paisajes suele darse prioridad al diafragma, para asegurar que haya nitidez en toda la imagen. Para tener la máxima profundidad de campo, conviene enfocar un punto que esté a un tercio de profundidad, justo por detrás del primer término, y ajustar el diafragma a f16. Se puede usar el botón de profundidad de campo para confirmar visualmente el enfoque. Con esta abertura, y una película de 100 ISO, la velocidad puede ser inferior a 1/15, por lo que se necesitará un trípode y un cable disparador, esenciales para fotografiar paisajes en serio. En días ventosos, una velocidad lenta registrará el movimiento; las ramas que se balanceen quedarán borrosas a una velocidad de 1/15 o inferior, según la fuerza del viento, y el efecto puede ser interesante. Las nubes también pueden quedar borrosas si la exposición dura más de medio segundo, pero el efecto no es tan bueno. Al componer un paisaje conviene prestar atención al horizonte y repasar todos los elementos que entran en el encuadre.

- El horizonte debe situarse bien. Utilícese la regla de los tercios para que no divida la fotografía por la mitad. Si el cielo está gris y sin detalle, aparecerá plano, por lo que conviene colocar el horizonte en el tercio superior del encuadre. Si el primer término carece de interés, el horizonte debe situarse en el tercio inferior. Si ni una cosa ni la otra convencen, hay que cambiar el encuadre acercándose o moviendo el zoom
- El horizonte debe estar recto
- Conviene repasar el encuadre por el visor antes de disparar para localizar elementos no deseados, sobre todo en los bordes
- Hay que prestar atención para no incluir la propia sombra en la fotografía por descuido, especialmente con un gran angular y a primera o última hora del día. Una solución es disparar desde un ángulo bajo o disimular la sombra en una sombra natural

Como el paisaje no se mueve de sitio, permite dedicar bastante tiempo a experimentar con la composición y la exposición, o probar otra luz en otro momento del día. Los profesionales suelen acudir temprano y luego regresan unas dos o tres horas antes del ocaso para aprovechar la luz cálida y rasante. Sólo se requiere un despertador y un poco de fuerza de voluntad.

Paisaje de Drakmar, Mustang, Nepal

El color rojizo de la tierra y los profundos barrancos que componen el espectacular paisaje desértico de los alrededores del pueblo de Drakmar quedan resaltados por la calidez del sol rasante antes del ocaso.

◂ Réflex de 35 mm, objetivo 180 mm, 1/30 f11, Ektachrome E100VS, trípode

MONTAÑAS

No hay nada como captar la calidez de los primeros y últimos rayos de sol sobre unas montañas nevadas.

Las cumbres siempre resultan imponentes, pero cuando las ilumina el primer y el último sol del día y toman ese tono rosado o dorado brillante, se agradece llevar un carrete de más. Pero esta luz no dura mucho y a menudo coincide con un aumento de las nubes, sobre todo por la tarde. El tiempo cambiante e impredecible de las montañas exige al fotógrafo paciencia, organización y preparación antes de que empiece el espectáculo. Se recomienda:

▸ Estar preparado al menos media hora antes de la salida del sol y una hora antes del ocaso
▸ Montar la cámara en un trípode
▸ Mientras se espera, probar distintas composiciones y objetivos para decidir con cuál se empezará Puede que sólo se tenga una oportunidad
▸ Si las nubes amenazan con tapar la montaña, hacer una foto cada dos o tres minutos por si la llegan a cubrir totalmente
▸ Hay que estar seguro de tener suficiente película. La montaña puede desaparecer entre las nubes mientras se cambia el carrete

Amanecer en los Annapurnas, Dhampus, Nepal

Una de las grandes ventajas de hacer *trekking* por las montañas es que a menudo, después de levantarse, no hay que ir muy lejos para captar la salida del sol. Esta foto se tomó desde el exterior de la tienda (¡ojalá fuera siempre tan fácil!). Las montañas suelen estar más despejadas por la mañana, pero el intenso color no dura mucho.

▴ Réflex de 35 mm, objetivo 100 mm, 1/8 f11, Ektachrome 50STX, trípode

Cadena montañosa hacia Mount Buffalo, Alpes Australianos, Australia

El contraluz marca el contorno de las sierras nevadas, resaltando sus formas y separándolas una de otra.
La diferencia de exposición entre las luces y las sombras era demasiado grande para pensar en captar el detalle
en estas últimas. Exponiendo en dirección a las luces (con película de diapositivas), se conservaron el detalle en
la nieve y el color del cielo. Las sombras se dejaron en negro para dar espectacularidad a la imagen.

▲ Réflex de 6 x 7 cm, objetivo 105 mm, Ektachrome 50STX, trípode

Cumbres de la Ruta Inca, Perú

Cada toma es diferente cuando se fotografían montañas: sombras, luz y nubes que van y vienen. La paciencia
se ve recompensada con una foto que capta la correcta combinación de montañas, nubes, sombras
y luces.

▲ Réflex de 35 mm, objetivo 180 mm, 1/60 f11, Fujichrome 100RDP, trípode

PAISAJES NEVADOS

La nieve provoca mucha reflexión de la luz cuando ocupa la mayor parte de una fotografía. El fotómetro subexpondrá la película, sobre todo en días soleados, y no hay que hacerle caso. Con las cámaras más antiguas puede que se tenga que sobreexponer uno o dos diafragmas, pero las modernas suelen compensarlo con sofisticados sistemas de medición; aun así conviene sobreexponer entre medio y un diafragma hasta que se sepa cómo reacciona el fotómetro en diferentes situaciones. Se aconseja hacer una horquilla de medio en medio diafragma para garantizar una exposición adecuada, así como hacer las fotos a primera y última hora del día, cuando el sol rasante resalta el detalle y la textura de la nieve y el contraste es mucho más manejable.

Si está nublado, la nieve adopta un tono azul, compensable con un filtro cálido 81B, que elimina este tono y ayuda a mantener el blanco de la nieve. Usando el polarizador en la nieve, un cielo azul intenso puede quedar casi negro.

Hay que procurar no dejar pisadas en el paisaje nevado que se quiere fotografiar. Véase p. 136 para información sobre la fotografía a bajas temperaturas.

Porteadores en Thorung La, región del Annapurna, Nepal

La travesía del puerto de montaña Thorung La es el punto más alto del circuito del Annapurna, uno de los *trekkings* más famosos de Nepal. Después de dormir con la cámara dentro del saco, a las 4.30 el fotógrafo salió con ella debajo de la chaqueta para protegerla del intenso frío. Cuando llegó al puerto, el sol ya había salido. La luz lateral ha conservado alguna textura en la nieve, pero con tal extensión de nieve intensamente iluminada, fue necesario sobreexponer la medición recomendada por la cámara en un diafragma y medio. Así se pudo retener el blanco de la nieve y el escaso color de las ropas de los porteadores.

▲ Réflex de 35 mm, objetivo 28-90 mm, Kodachrome 64

Eucaliptos australianos, Mount Hotham, Australia

La nieve fuertemente iluminada suele hacer que el fotómetro subexponga la toma. Los eucaliptos del primer término ayudaron a equilibrar la lectura, que se sobreexpuso un diafragma. Incluso con los sistemas de medición matricial más sofisticados, siempre conviene hacer horquilla en condiciones lumínicas difíciles, sobre todo con diapositivas.

▲ Réflex de 6 x 7 cm, objetivo 45 mm, Ektachrome 50STX, trípode

Phortse después la nevada, Khumbu Himal, Nepal

Una fría mañana en el Himalaya, después de nevar, se acentúa la forma en que la película registra los colores bajo el cielo cubierto. El tono azulado se podría haber reducido con un filtro cálido 81C, pero en este caso se prefirió que la foto mostrara el frío que hacía.

▲ Réflex de 35 mm, objetivo 24 mm, 1/8 f11, Kodachrome 200, trípode

DESIERTOS

Fotografiar desiertos es similar a fotografiar la nieve, excepto por la temperatura. Si la luz es intensa, conviene hacer horquilla sobreexponiendo hasta un diafragma. En las horas primera y última del día el desierto es mucho más interesante, pues los rayos del sol rasante destacan los contornos de las dunas y los detalles y texturas de la arena. Hay que tener cuidado con la propia sombra y no dejar pisadas donde se desee fotografiar la arena intacta. Búsquese una posición estratégica para inspeccionar la zona, bordeando el motivo que va a fotografiarse. Conviene subir a las dunas por la parte en sombra, que probablemente no saldrá en la foto. En el desierto hay que prestar una especial atención al cuidado de la cámara (véase p. 138).

Dunas de arena, Eucla, Australia

La pequeña ciudad de Eucla, en las llanuras de Nullarbor, está rodeada por una espléndida extensión de dunas, donde puede ser difícil hacer fotos, sobre todo en días con viento.

◄ Réflex de 6 x 7 cm, objetivo 45 mm, 1/4 f16, Ektachrome 50STX, filtro polarizador, trípode

Camellos en las dunas, Jaisalmer, India

Los turistas que visitan Jaisalmer suelen dar paseos en camello por el desierto de Thar. Si se planea ir, vale más hacerlo por la tarde, pues el tiempo es más agradable y la luz es ideal para la fotografía. Hay que proteger el equipo antes de entrar en las dunas. Al día siguiente de tomar esta fotografía, el objetivo de enfoque automático dejó de funcionar por un simple grano de arena.

▲ Réflex de 35 mm, objetivo 28-90 mm, Kodachrome 64

Pinnacles Desert, Parque Nacional de Nambung, Australia

Las columnas de arenisca son características de este desierto y parque nacional costero y mucha gente acude a fotografiarlas. Durante el día está muy concurrido y es difícil hacer fotos sin nadie al fondo o pisadas en la arena. La única forma de conseguir imágenes impecables es ir antes que nadie o alejarse bastante de la carretera.

▲ Réflex de 6 x 7 cm, objetivo 45 mm, 1/8 f16, Ektachrome 50STX, filtro polarizador, trípode

LA COSTA

Altos acantilados, costas escarpadas, mares embravecidos, tranquilos charcos entre las rocas, playas, puertos y faros... La costa tiene suficientes atractivos fotográficos para ocupar al fotógrafo a jornada completa. El mar es un elemento misterioso añadido al paisaje. A diferencia de las sólidas rocas que se encuentran en la costa, el mar siempre es diferente. Por tanto, en la costa no es la luz lo único que cambia a lo largo del día. Las velocidades altas (superiores a 1/250) congelan el movimiento de las olas y la espuma. En cambio, con velocidades lentas (menos de medio segundo), las olas quedan borrosas y el paisaje marino se suaviza. Un filtro polarizador a menudo mejorará el color y el contraste de las fotografías hechas junto al agua porque reduce los reflejos de ésta. Véase p. 137 para la información sobre cómo proteger el equipo del agua de mar.

Para sacar el mejor partido de un viaje a la costa, experiméntese con lo siguiente:

- Ir hasta la orilla por la mañana para fotografiar las vistosas barcas de pesca
- Inspeccionar los mercados y tiendas de pescado hasta la hora del almuerzo
- Pasear por la playa a primera hora de la tarde y fotografiar la belleza natural de la costa un par de horas antes del ocaso

Antes de que uno se dé cuenta se habrá esfumado otro día en el paraíso.

Doce Apóstoles, Port Campbell, Australia

Estas formaciones rocosas llamadas los Doce Apóstoles son una importante atracción, pero poca gente las ve bajo la mejor luz. Esta fotografía se tomó a primera hora de la mañana y con amenaza de tormenta. Levantarse temprano no es agradable en vacaciones, pero es lo que hay que hacer si se desea fotografiar paisajes extraordinarios.

▲ Réflex de 6 x 7 cm, objetivo 105 mm, 1/30 f11, Ektachrome 50STX, filtro polarizador, trípode

Table Mountain, Ciudad del Cabo, Sudáfrica

Esta imagen se ha conseguido después de ir en tres ocasiones a la playa de Blouberg para tomar una buena foto de Table Mountain sin nubes. Una velocidad baja ha registrado el movimiento de las olas y suavizado el primer término, lo que se subraya por el horizonte elevado en el encuadre.

▲ Réflex de 35 mm, objetivo 100 mm, 1 s f11, Ektachrome E100VS, filtro polarizador, trípode

Puesta de sol en Portsea, Parque Nacional de Point Nepean, Australia

El dinamismo de los paisajes costeros se evidencia en esta imagen. Todos los elementos importantes se mueven y la imagen nunca se repite: el sol poniente, las olas menudas tras las aves marinas y las olas rompientes del primer término. Este momento de absoluta armonía compensa el frío que se pasa en los ventosos acantilados.

▲ Réflex de 6 x 7 cm, objetivo 200 mm, 1/250 f11, Fujichrome Velvia, trípode

SELVAS

La selva es uno de los paisajes más difíciles de fotografiar bien. A menudo la luz es demasiado escasa para sostener la cámara a pulso y el flash automático se dispara. Si el sol es lo bastante intenso para penetrar la cubierta vegetal, los árboles quedan salpicados irregularmente de luz y las imágenes salen grises y confusas. La mejor hora para hacer fotos en la selva es después de la lluvia o cuando llovizna. El cielo nublado garantiza una luz uniforme y el agua en las hojas añade vida y resalta el color. Con una película de grano fino, un filtro polarizador y poca luz, la velocidad será demasiado baja para sostener la cámara a pulso y habrá que usar un trípode para obtener la máxima profundidad de campo. El polarizador reducirá los reflejos de las hojas mojadas y aumentará la intensidad de los colores.

Sin trípode, o con una cámara compacta, es mejor buscar las zonas más iluminadas donde se pueda fotografiar cámara en mano, por ejemplo en los límites o en los claros cerca de torrentes, ríos y cascadas.

Hoja de palmera, Daintree, Australia

Si la luz salpica el motivo o no hay punto de vista adecuado para una panorámica, búsquense detalles con luz uniforme.

▲ Réflex de 6 x 7 cm, objetivo 105 mm, 1/30 f11, Ektachrome 505TX, trípode

Selva sobre Bakkhim, Sikkim, India

En un claro de la selva como éste se puede sostener la cámara a pulso.

▲ Réflex de 35 mm, objetivo 35 mm, 1/60 f5,6, Kodachrome 25, filtro polarizador

Wangoolba Creek, Fraser Island, Australia

Wangoolba Creek es uno de los claros de selva más bellos y sugerentes de la selva australiana. Bajo la suave luz de un día lluvioso, los colores son intensos y se capta bien el detalle en todas las partes.

▲ Réflex de 6 x 7 cm, objetivo 45 mm, 1/8 f16, Ektachrome 50STX, filtro polarizador, trípode

FOTOGRAFÍA SUBMARINA

En muchos destinos de costa y playa, algunas de las atracciones se encuentran debajo del agua. La fotografía submarina profesional requiere un equipo fotográfico específico, como cámaras Nikonos o estuches sumergibles para cámaras normales; objetivos macro; visores deportivos; y un voluminoso equipo de flash. Bucear bien también ayuda.

Aquellos que no deseen comprar un equipo caro, pueden emplear cámaras sumergibles APS o compactas de 35 mm con enfoque automático o bien cámaras de un solo uso (la opción más barata). Existen estuches sumergibles para muchas cámaras digitales compactas. Éstas dan resultados aceptables en días soleados y de calma a profundidades de 2 a 3 m, y son adecuadas para tener un recuerdo de la experiencia de bucear a poca profundidad. Incluso con estas cámaras, hay que recordar que el agua actúa como filtro de la luz solar, reduciendo su intensidad y cambiando su color. A medida que se gana profundidad, cada vez más luz es absorbida y mayor es el tono azulado que toman las fotos. Los colores suelen quedar naturales a unos 2 o 3 m, pero en aguas más profundas el uso de flash es indispensable para captar los colores naturales de la vida marina. Para que el número de tomas buenas sea mayor sin tener demasiada experiencia en fotografía submarina, hay que procurar:

▸ Hacer las fotos en mitad del día, entre las 10.00 y las 14.00, cuando el sol brilla más y penetra más luz en el agua
▸ Buscar temas en aguas poco profundas
▸ Acercarse todo lo que se pueda al motivo. Los colores serán más intensos, el contraste mayor y las fotos más nítidas a una distancia de 3 o 4 m
▸ Usar película de 200 o 400 ISO y velocidades altas para evitar las fotos movidas por vibración de la cámara o los movimientos del sujeto
▸ Enjuagar la cámara con agua limpia al llegar a tierra firme

Si se tiene ganas de experimentar y aprender más sobre fotografía submarina, algunos destinos de buceo alquilan equipos de cámara sumergible y ofrecen clases de iniciación.

Fusileros de cola amarilla, Gran Barrera de Coral, Australia

El buceo ofrece al viajero una ventana de acceso al mundo de la fotografía submarina. Aunque no se suela practicar de modo regular, cuando uno se encuentra en lugares como la Gran Barrera de Coral es difícil resistirse. Para conseguir los mejores resultados, hay que tener paciencia y dejar que el pez se acerque en vez de perseguirlo.

▴ Compacta sumergible de 35 mm, Ektachrome 100STZ

León marino, isla de Santa Fe, Galápagos, Ecuador

Durante un viaje a las Galápagos había que sumergirse dos veces al día durante ocho días. Sin equipo de flash, el fotógrafo se quedaba en los bajíos o esperaba a que la fauna marina se acercara para aprovechar al máximo la luz del sol. Las fotografías tenían una fuerte dominante azul, que en este caso es aceptable al quedar contrarrestada por los dibujos que hace el sol. Aunque sus fotos submarinas van mejorando, supone que deberá cambiar de actitud y usar el flash para dar el siguiente paso.

▲ Telemétrica sumergible de 35 mm, objetivo 35 mm, 1/250 f8, Ektachrome E100VS expuesta a 200 ISO (forzada un diafragma)

RÍOS Y CASCADAS

El agua en movimiento de ríos y cascadas puede interpretarse de formas diferentes seleccionando la velocidad de obturación. Para dar la impresión de agua en movimiento, experiméntese con velocidades de 1/30 a un segundo. Si la corriente es rápida, bastará con 1/30 y si se usa un gran angular no se necesitará trípode, aunque éste se hará necesario si se buscan mejores resultados y una mayor profundidad de campo. Se puede empezar desde 1/15 hasta un segundo, según la rapidez del agua y lo borrosa que se desee. Se consigue un efecto muy diferente con velocidades superiores (a partir de 1/250), que "congelan" el movimiento del agua y resaltan el color y el detalle. Como en las selvas, las cascadas se fotografían mejor bajo la luz intensa y uniforme de un día nublado. El contraste entre el agua y el entorno a menudo es alto por naturaleza, y la luz suave e indirecta permite registrar el detalle en las luces y las sombras. Un filtro polarizador puede mejorar la imagen eliminando los reflejos de la humedad en las rocas y la vegetación.

Cataratas de Russell, Parque Nacional del Mount Field, Australia
La velocidad de obturación y la rapidez con que corre el agua determinan lo borroso de la imagen. Las exposiciones largas dan un efecto más suave y lechoso que las cortas.
▲ Réflex de 6 x 7 cm, objetivo 45 mm, 1/2 f11, Ektachrome 50STX, filtro polarizador, trípode

Cascada de Bridal Veil, Parque Nacional Yosemite, EE UU

Cuando un salto de agua se desploma a gran velocidad, ni las velocidades de obturación más rápidas consiguen congelar el agua del todo. El encuadre estrecho y vertical de esta cascada la aísla del entorno y resalta su altura.

▲ Réflex de 35 mm, objetivo 180 mm, 1/250 f8, Ektachrome E100SW, filtro polarizador

LAGOS Y REFLEJOS

Los lagos añaden un elemento dinámico al paisaje. Pero hay que tener en cuenta que una ráfaga de viento puede cambiar mucho el aspecto de un lago y la imagen reflejada puede convertirse en una interpretación abstracta de la misma escena. Es más fácil conseguir reflejos a primera hora del día. Es interesante observar cómo cambian los reflejos con sólo girar el filtro polarizador: se pueden obtener dos fotos muy diferentes cambiando la posición del filtro. El paisaje reflejado en el agua suele ser más oscuro que el real. Vale más leer la luz y enfocar en el paisaje real, para que quede nítido y bien expuesto. Si hubiera más de dos diafragmas de diferencia entre uno y otro, un filtro degradado de densidad neutra equilibrará la luz de ambos.

Templo de Ulun Danu Bratan, Bali, Indonesia

A primera hora de la mañana, este bello templo budista hindú se refleja en las aguas del lago Bratan. A veces merece la pena colocar el horizonte en la mitad del encuadre, sobre todo cuando hay reflejos, porque enfatiza la simetría de la escena.

▲ Réflex de 6 x 7 cm, objetivo 105 mm, Ektachrome 100STS, trípode

Bungle Bungles, Parque Nacional de Purnululu, Australia

Dondequiera que haya agua se puede conseguir un reflejo. Estos reflejos en la escasa agua de un río casi seco añaden un elemento sorprendente al paisaje.

▲ Réflex de 6 x 7 cm, objetivo 45 mm, 1/15 f11, Ektachrome 50STX, filtro polarizador, trípode

Lago de Atitlán, Panahachal, Guatemala

En las aguas picadas del lago de Atitlán no se reflejaron los volcanes. No fue hasta la cuarta mañana y la aparición de las nubes cuando se pudo tomar una foto con un interés añadido en el agua. Aunque el cielo también era interesante, se situó el horizonte en la parte superior del encuadre para resaltar el tamaño del lago. Se usó un polarizador a media intensidad para aumentar el contraste entre las nubes y el cielo, manteniendo a la vez algunos reflejos en el agua.

▲ Réflex de 35 mm, objetivo 24 mm, 1/250 f8, Ektachrome E100VS, filtro polarizador

ARCO IRIS

Huidizo y multicolor, el arco iris es un elemento sorprendente del paisaje. Como los cielos con mucho color, un arco iris en la composición no garantiza una buena foto; ha de colocarse bien en un paisaje ya de por sí interesante. Utilícese un polarizador para aumentar el contraste entre el arco iris, las nubes y el cielo, pues reforzará los colores del meteoro y eliminará los reflejos que pudieran distraer en el paisaje. En algunos casos, la película no registra el arco iris sin la ayuda de un polarizador. Fotografiarlos pone a prueba la rapidez del fotógrafo, pues no suelen durar más de unos minutos; además, hay que estar dispuesto a mojarse.

Bluff Knoll, Stirling Ranges, Australia

Lo bueno de un temporal de lluvia es que cuando termina suele haber un período de luz estupenda cuando el sol se filtra entre las nubes. La posibilidad de que aparezca un arco iris es entonces alta, pero lo difícil es encontrar un paisaje donde incluirlo. Un arco iris solo no constituye una buena foto. Un filtro polarizador intensificará sus colores, incluso en este caso también ha eliminado los reflejos del agua en la vegetación.

▲ Réflex de 6 x 7 cm, objetivo 45 mm, 1/30 f11, Ektachrome 50STX, filtro polarizador, trípode

Cataratas Victoria, Zimbabwe

Los arco iris también aparecen en las cascadas cuando el sol incide en las salpicaduras con el ángulo preciso. Hacia media tarde es una buena hora para ver los espectaculares arco iris en las cataratas Victoria.

◄ Réflex de 35 mm, objetivo 24 mm, 1/250 f8, Ektachrome E100VS, filtro polarizador

Cabo de Couedic, Kangaroo Island, Australia

El doble arco iris sobre el faro duró un minuto. Cuando el cielo es interesante, conviene resaltarlo situando el horizonte en el tercio inferior del encuadre.

◄ Réflex de 6 x 7 cm, objetivo 45 mm, 1/15 f16, Ektachrome 50STX, filtro polarizador, trípode

FLORES

Son un tema habitual en la fotografía de viaje, pero para que sean impactantes requieren un enfoque muy cercano. Los estudios florales necesitan de un equipo macro si se quiere llenar el encuadre con una sola flor; si no se puede, conviene tratar la flor como un elemento de la composición. Otra opción es llenar la imagen con el color de muchas flores. Si sopla la más ligera brisa, las flores se mueven y quedan borrosas, lo que puede crear un buen efecto si es lo que se busca. Las velocidades de obturación superiores a 1/125 detendrán el movimiento, a menos que el viento sea muy fuerte; las inferiores a 1/60 sólo deben usarse sin viento. Las flores de color suave contra un fondo oscuro pueden confundir al fotómetro, por lo que conviene medir la luz de la flor para conservar su color y detalle.

Flores silvestres, Nyalam, Tíbet, China

Es muy fácil que motivos como éste pasen desapercibidos cuando se tiene algún objetivo en mente. Estas flores llamaron la atención del fotógrafo cuando estaba en las colinas tras el pueblo de Nyalam fotografiando las montañas. Cambió el enfoque de los picos de 6.000 m a las flores de 6 mm (usando el mismo objetivo). Dedicó unos minutos a fotografiar las flores rápidamente antes de que el sol alcanzara esa parte de la ladera y la escarcha se fundiera.

▲ Réflex de 35 mm, objetivo 100 mm, 1/2 s f11, Ektachrome 50STX, trípode

Cosmos, Morioka, Japón

Si el equipo no permite fotografiar de muy cerca, conviene buscar extensiones de flores y realizar fotografías más panorámicas. Eliminando otros elementos de la composición, se sigue teniendo una foto de flores. En este caso se contaba con un objetivo estándar de 50 mm y otro de 100 mm para macros. El 100 mm sólo enfoca hasta 0,7 m, pero su ampliación aumenta el tamaño del tema lo suficiente para el tipo de fotografías macro que el fotógrafo suele realizar.

▶ Réflex de 35 mm, objetivo 50 mm, 1/125 f8, Ektachrome E100VS

PERSONAS EN EL PAISAJE

Si se incluye una persona en el paisaje, se dará una idea de la escala. Para obtener el mejor resultado, se aconseja colocar al sujeto a media distancia y usar un teleobjetivo. Si está demasiado cerca de la cámara y se usa un gran angular, la perspectiva se exagerará; el sujeto saldrá mucho más grande que los elementos del fondo y se confundirá la escala. Si el fotógrafo utiliza a las personas para dar una idea de las dimensiones, deben mirar hacia la escena, para que la mirada del espectador se dirija al sujeto principal y no a los bordes de la composición.

Excursionista sobre témpanos de hielo, Parque Nacional de Sagarmatha, Nepal

Sin el elemento humano, el tamaño de los témpanos del glaciar de Khumbu que baja del Everest habría sido un misterio para el observador. Incluyendo una persona, obviamente en tono divertido, se da cierta relatividad a la característica geológica y se capta la experiencia de estar allí.

◂ Réflex de 35 mm, objetivo 24-70 mm, 1/250 f6,3 (+½ diafragma), Ektachrome E100VS

Trekking de Chiling a Sumdoo, Ladakh, India

La inclusión de los excursionistas resalta la inmensidad del paisaje en esta parte remota del Himalaya indio.

▲ Réflex de 35 mm, objetivo 24 mm, 1/250 f11, Kodachrome 64, filtro polarizador

Carretera a Uluru, Australia

Uluru es inmenso, pero hasta que no se ha estado cerca no se puede comprender hasta qué punto. La carretera y el coche proporcionan puntos de referencia para ayudar a establecer un sentido de la medida. Si el cielo se hubiera eliminado, las dimensiones no habrían resultado tan evidentes.

▲ Réflex de 35 mm, objetivo 35 mm, 1/125 f8, Fujichrome 100

CIUDADES

Ofrecen enormes oportunidades para la fotografía. En todas hay lugares con escenas, edificios y actividades típicos del país y que van más allá de los catálogos de viaje. Después de ver los lugares famosos, hay que pasear por las calles, observar la vida diaria y profundizar en la atmósfera de la ciudad.

▶ **La clave para fotografiar una ciudad es caminar, caminar y caminar**

Cuando ya se han recorrido todos los lugares hay que volver a pasar en diferentes direcciones, a otras horas del día, con un tiempo distinto o en otro día de la semana. Es recomendable aventurarse lejos de las zonas más visitadas, donde es fácil descubrir gente que no está harta de salir en la típica fotografía.

Las visitas guiadas pueden servir para hacerse una idea general de la ciudad y sus principales atracciones. No obstante, su utilidad para obtener buenas fotografías es limitada, puesto que suelen ser a pleno día y dejan poco tiempo libre. Si el presupuesto lo permite, lo mejor es hacer lo mismo en taxi.

La Habana, Cuba

En la guía de viajes se especificaban los hoteles con bar en la azotea. El fotógrafo escogió tres céntricos e hizo la ronda una tarde. Se puede subir a otros edificios, pero en los hoteles están acostumbrados a los extranjeros y no hacen preguntas.

▲ Réflex de 35 mm, objetivo 50 mm, 1/125 f8, Ektachrome E100VS, filtro polarizador

Barco por el Sena al anochecer, París, Francia

Ya casi rendido, con un viento frío, poca luz y más de una hora de pie esperando que el sol se abriera paso entre las nubes, al final lo hizo: el color de la luz era precioso y el fotógrafo se encontró con la vista de París que buscaba.

◄ Réflex de 35 mm, objetivo 180 mm, 1/60 f8, Ektachrome E100SW, trípode

PAISAJES URBANOS

La línea del horizonte de las ciudades y las panorámicas son una excelente presentación para un álbum o un pase de diapositivas, como referencia para las fotografías siguientes. Las grandes ciudades suelen tener puntos de observación populares en colinas cercanas o en rascacielos. Después de los lugares típicos conviene buscar otros diferentes para obtener fotografías más personales. Si no se anuncian, la mayoría de taxistas sabrán desde dónde hay buenas vistas de su ciudad. Los hoteles, cualquiera que sea su categoría, a veces tienen bar o restaurante en la azotea. Se pueden visitar varios durante el día, observando por dónde sale y se pone el sol, para volver más tarde al punto mejor situado.

Durban, Sudáfrica

Cuando hay colinas cerca tiene que haber buenas vistas. No había visto imágenes publicadas que me sirvieran de guía, así que le expliqué a un taxista lo que buscaba. Tardamos un rato, pero al final lo encontramos. Era la primera vez que el taxista estaba allí.

▲ Réflex de 35 mm, objetivo 180 mm, 1/30 f11, Ektachrome E100VS, trípode

Vista hacia el Zócalo, Ciudad de México, México

El fotógrafo siempre aprovecha la oportunidad de fotografiar ciudades desde los miradores típicos.
La ascensión a la Torre Latinoamericana de Ciudad de México es obligada. La ciudad desaparece en la niebla
en todas direcciones, pero la torre está cerca del centro histórico y, a la vez, de los rascacielos, lo que da muchas
posibilidades.

▲ Réflex de 35 mm, objetivo 100 mm, 1/125 f5,6, Ektachrome E100VS

EDIFICIOS

Si se apunta hacia arriba para fotografiar un edificio, parecerá que se cae hacia atrás. La convergencia de las verticales o la distorsión lineal puede crear un buen efecto si se exagera en la composición. Un buen ejemplo es la visión de rascacielos de abajo arriba. Para obtener imágenes fieles de edificios, la cámara debe estar horizontal. Los fotógrafos especializados en arquitectura lo consiguen mediante objetivos de corrección de perspectiva (PC) que permiten ajustar el ángulo del plano o enfocar mediante movimientos de inclinación o traslación. También se puede corregir la perspectiva sin usar objetivos especiales:

‣ Desde un punto de vista que esté a la mitad de la altura del edificio fotografiado
‣ Con un primer plano interesante que llene la mitad inferior de la imagen
‣ Alejándose del edificio y usando un teleobjetivo

Rascacielos, Singapur

Las verticales convergentes se pueden usar para crear un efecto estético exagerándolas.

◂ Réflex de 35 mm,
objetivo 24 mm, 1/125 f11,
Ektachrome E100SW,
filtro polarizador

La vista hacia arriba y desde cerca con un gran angular hace que las paredes verticales y los minaretes se inclinen hacia atrás y hacia dentro.

▲ Réflex de 35 mm, objetivo 24 mm, 1/125 f11, Ektachrome E100SW, filtro polarizador

Mezquita del Sultán Ahmed, Kuantan, Malasia

Incluyendo un primer plano interesante se puede mantener un paralelismo razonable entre el plano de la película y el edificio, con lo que las verticales se conservan.

◄ Réflex de 35 mm, objetivo 24 mm, 1/125 f8, Ektachrome E100SW, filtro polarizador

Otra posibilidad es separarse y usar un teleobjetivo para llenar la imagen y mantener las verticales.

▲ Réflex de 35 mm, objetivo 100 mm, 1/125 f8, Ektachrome E100SW, filtro polarizador

LUGARES EMBLEMÁTICOS

Todos los países tienen edificios "imprescindibles". El Taj Mahal, el Machu Picchu, la Gran Muralla, las Pirámides, la Torre Eiffel... lugares cuya imagen está grabada en la memoria mucho antes de visitarlos. Estos emplazamientos son objeto de millones de fotografías de visitantes de todo el mundo y que aparecen en libros, revistas y folletos, en postales, paños de cocina, tazas y manteles individuales. Un verdadero desafío es imponerse la doble tarea de tomar imágenes de lugares famosos tan buenas como las publicadas y luego crear una fotografía diferente a las vistas.

Tower Bridge, Londres, Inglaterra

Los lugares famosos merecen más de una visita. En la primera lo normal es fotografiar desde todos los ángulos. Está bien, pero una segunda visita se puede afrontar con más calma y preparación. Es muy práctico echar un vistazo a imágenes publicadas tras la primera visita. Así se puede saber dónde está cada cosa y de dónde viene la luz. Visitar de nuevo los sitios, especialmente habiendo visto los resultados de la primera vez, es una buena manera de mejorar las fotografías de viaje.

‹ Réflex de 35 mm, objetivo 50 mm, 2 s f11, Ektachrome E100SW, trípode

Taj Mahal, Agra, India

Además de las fotos habituales por la mañana, al mediodía y al anochecer, se pretendía algo diferente.
No muchos visitantes cruzan el río que hay tras el Taj, pero es el único sitio desde donde se puede contemplar
el sol poniéndose tras el edificio más famoso de India.

▲ Réflex de 35 mm, objetivo 35 mm, 1/4 f11, Kodachrome 64, trípode

Machu Picchu, Perú

A veces hay que planificar incluso para las fotografías más sencillas. Conseguí llegar al lugar dos horas antes de la
apertura organizando la excursión con los trabajadores.

▲ Réflex de 35 mm, objetivo 35 mm, 1/15 f11, Kodachrome 25, filtro polarizador, trípode

LUGARES SAGRADOS

Los monasterios, templos, iglesias, mezquitas y santuarios son el centro de una intensa actividad en muchos lugares, desde el pueblo más pequeño a la ciudad más grande. Son estupendos para merodear con la cámara preparada. Los lugares de culto atraen un flujo constante de peregrinos y devotos. En las entradas y calles adyacentes, los puestos de artículos religiosos, recuerdos y flores contrastan con los interiores, habitualmente tranquilos y en silencio. En los alrededores se pueden buscar imágenes relacionadas con la religión. Las varas o espirales de incienso, los textos sagrados y los motivos murales son elementos interesantes y significativos.

Generalmente los visitantes pueden entrar y observar la actividad de estos lugares de pregaria y, a cambio, se espera cierta sensibilidad y respeto. Conviene informarse de los días u horas de mayor actividad, porque se llama menos la atención entre la multitud. Si se tienen dudas, es mejor preguntar si está permitido tomar fotografías. Las ceremonias religiosas no están destinadas a los turistas, hay que ser prudente y discreto, y considerar la situación antes de lanzarse a disparar el flash. Se puede ser respetuoso y disfrutar igualmente de una experiencia que valga la pena, obteniendo fotos interesantes.

Durante las ceremonias, especialmente en interiores, hay que apagar el flash y el arrastre automático si es posible o, en su caso, seleccionar el modo de arrastre silencioso, más lento pero menos ruidoso. Hay que ocupar una posición que permita moverse sin molestar y en la que se aproveche al máximo la luz disponible.

Oraciones nocturnas, Calcuta, India

Al entrar en un lugar de culto, es preferible llevar las cámaras a punto para ir rápido y no parecer que se intenta hacer furtivamente. En la mezquita del Sultán Tippu el fotógrafo comprobó que se podía tomar fotografías, se colocó en el lado oeste y esperó que empezaran las oraciones. Al llegar temprano, pudo hablar con algunos hombres y decirles lo que estaba haciendo, de modo que después nadie lo miró mal.

▴ Réflex de 35 mm, objetivo 100 mm, 1/125 f8, Ektachrome E100SW

Templo Wong Sin, Hong Kong, China

En las horas de máxima afluencia, alrededor del altar del templo Wong Sin hay mucha gente y ruido.
Hay que aprovechar para acercarse a la acción y que ésta resulte más íntima. Con todos esos brazos y manos
en movimiento, no está de más tomar varias fotografías para asegurar el resultado.

▲ Réflex de 35 mm, objetivo 24 mm, 1/250 f8, Ektachrome E100SW

Templo Hain Sa, Corea del Sur

A primera hora no había gran actividad en el templo. Un monje solitario barría el recinto, de modo que el
fotógrafo lo siguió a cierta distancia hasta que llegó frente a uno de los impresionantes edificios.

▲ Réflex de 35 mm, objetivo 24 mm, 1/60 f5,6, Kodachrome 200

INTERIORES

La fotografía de interiores requiere habilidad para cambiar de técnica dependiendo de la luz. A veces hay elementos iluminados con focos que permiten sostener la cámara a pulso, pero normalmente la luz es demasiado tenue para fotografiar de esta forma con una película de 100 ISO. Si es ése el caso, se puede usar una película más sensible, utilizar flash o montar la cámara sobre un trípode. En muchos lugares los flashes y trípodes están prohibidos, de modo que no hay otra opción que la de usar película de alta sensibilidad. Si se permite usar flash, hay que recordar no alejarse del tema más allá del alcance. La principal ventaja del trípode es que se puede utilizar la película habitual, de grano fino, y conseguir una gran profundidad de campo.

La mayor parte de interiores están iluminados con luz incandescente, que da un tono amarillo anaranjado en la película estándar equilibrada para luz natural. El color e intensidad del tono depende del tipo y la combinación de luces artificiales (véase p. 118). Esta tonalidad crea ambiente y refleja que la fotografía se ha tomado en un interior. Si se quieren captar los colores de forma más fidedigna se puede usar un filtro de conversión de color de la serie 82 o una película de tungsteno. A menos que se pretenda tomar muchas imágenes con película de tungsteno, no es práctico llevarla en un viaje. Las cámaras digitales resuelven el problema electrónicamente con la función del balance de blancos (véase p. 72).

Catedral de Lima, Perú

Es raro que los interiores tengan iluminación suficiente para disparar a pulso con película de sensibilidad media o baja. En este caso el flash incorporado habría sido inútil: el tema está muy lejos. Con un trípode no importa la luz y se puede usar película normal. El color es diferente al de otros interiores por la mezcla de fuentes de luz artificial.

▲ Réflex de 35 mm, objetivo 24 mm, 1/8 f11, Kodachrome 64, trípode

Estatua de Jesús crucificado, Oporto, Portugal

En el museo de la catedral este crucifijo estaba tras un cristal. Apoyando el objetivo contra el cristal se eliminan los reflejos y se puede usar una velocidad lenta. Hay que apagar el flash para evitar reflejos.

◀ Réflex de 35 mm, objetivo 50 mm, 1/15 f1,4, Ektachrome 50STX

Museo de Antropología, Ciudad de México, México

Ni flash ni trípode: no hay problemas con una película de alta sensibilidad. Si no, lo mejor es buscar las piezas próximas a las ventanas o las iluminadas con luz directa.

◀ Réflex de 35 mm, objetivo 24 mm, 1/60 f2, Ektachrome E200 forzada a 800 ISO (2 puntos)

VIDA EN LA CALLE

Un itinerario limitado a las principales atracciones turísticas del país deja al fotógrafo una experiencia limitada y también limita las oportunidades fotográficas. Pasear por las calles de una ciudad desconocida es uno de los grandes placeres de viajar. En muchos países la vida discurre en la calle. Allí se cocina y se come; se lavan las ropas, los cuerpos y los dientes; se juega y se hacen negocios; todo a la vista de los transeúntes. Al igual que en la fotografía de personas, hay que aplicar el enfoque personal para retratar a la gente de la calle, pero las oportunidades son numerosas y variadas.

Monje recogiendo limosnas, Bangkok, Tailandia

Cada mañana unos 280.000 monjes salen a las calles de Tailandia para recoger limosnas. Es una escena que dice mucho del país y su gente.

◀ Réflex de 35 mm, objetivo 100 mm, 1/125 f4, Kodachrome 200

Indigentes, Calcuta, India

Es más duro fotografiar pobres que los palacios de Rajastán, pero ambos identifican India.

◄ Réflex de 35 mm,
objetivo 24 mm, 1/125 f4,
Kodachrome 200

Monjes en un camión, Lhasa, Tíbet, China

Nunca sabes lo que vas a encontrar. Puedes estar lejos de una atracción turística y encontrar de pronto algo único del país.

◄ Réflex de 35 mm,
objetivo 100 mm, 1/250 f8,
Kodachrome 64

AL CAER LA NOCHE

Las ciudades y los edificios adquieren un aspecto diferente cuando se pone el sol, y las imágenes aportan una nueva dimensión al conjunto. La mejor hora es entre 10 y 20 minutos tras la puesta de sol: la iluminación artificial de los interiores, los faros y las farolas serán la dominante, pero el cielo aún tendrá algo de luz y color. Cuando la oscuridad sea total, hay que procurar llenar la imagen con elementos bien iluminados y evitar grandes áreas oscuras. Es necesario el trípode y un disparador por cable, ya que las exposiciones suelen ser largas. Para los detalles conviene sobreexponer uno o dos puntos –si no, lo único que se verá serán las luces–. Al igual que en cualquier situación con problemas de iluminación, se recomienda hacer horquilla.

Templo de Oro, Amritsar, India

El Templo de Oro hace honor a su nombre si se fotografía de noche. Si se ha cargado con el trípode, vale la pena aprovecharlo para obtener fotografías nocturnas de panorámicas y edificios clave. Se agradece cuando se ven los resultados.

▲ Réflex de 35 mm, objetivo 50 mm, 1 s f8, Ektachrome E100SW, trípode

Neones de Times Square, Nueva York, EE UU

Si la imagen se llena con neones la luz bastará para fotografiar a pulso y las lecturas automáticas de la cámara serán fiables. Hay que desconectar el flash y comprobar que no quedan grandes espacios oscuros.

◄ Réflex de 35 mm, objetivo 50 mm, 1/125 f2, Ektachrome E100VS

Distrito central desde el pico Victoria, Hong Kong, China

La vista desde el pico Victoria sobre el distrito central de Hong Kong es espectacular en cualquier momento. De noche es mágica. Normalmente las panorámicas urbanas son mejores con luz natural que cuando ya ha anochecido. Sin embargo, la mejor imagen de la serie fue la obtenida al final, cuando la luz del sol casi había desaparecido y las de la ciudad brillaban con su mayor intensidad.

▲ Réflex de 6 x 7cm, objetivo 105 mm, 20 s f8, Ektachrome 100STZ, trípode

FIESTAS Y CELEBRACIONES

El espectáculo, colorido y las multitudes que distinguen las fiestas y celebraciones de todo el mundo los convierten en un espléndido tema para la fotografía de viaje. Investigando y planificando se puede llegar el día adecuado y hacerse una idea de lo que se va a ver. Es fácil verse abrumado por la multitud y por el desconocimiento de lo que va a pasar, cuándo y dónde. Si se llega con tiempo se puede buscar buenos puntos de observación, conseguir sitio y preguntar a la gente del lugar y a los organizadores. Para los actos menos organizados hay que tener paciencia y flexibilidad, puesto que es más difícil encontrar a alguien que sepa qué pasa. También hay que recordar que las fiestas en ciudades suelen provocar caos circulatorio y que las medidas de control especiales pueden implicar el cierre de las vías de acceso.

Si el público está sentado, acercarse puede resultar complicado y es imprescindible llevar teleobjetivo. En caso de quedarse atascado, o si los participantes se mueven, lo mejor es esperar que la acción se acerque. Cambiando de objetivo, acercando o alejando el zoom y cambiando el encuadre entre horizontal y vertical se conseguirán planos variados. No hay que olvidar a los espectadores que miran y reaccionan ante el espectáculo y que pueden ser un buen tema.

Si el viaje coincide con celebraciones especiales, por lo menos habrá que multiplicar por dos la previsión de película.

Procesión en el festival Khumb Mela, Allahabad, India

El Khumb Mela de 2001 fue la mayor concentración de personas celebrada jamás. El día principal, unos 30 millones se bañaron en las aguas sagradas de la confluencia de los ríos Ganges, Yamuna y el mítico Saraswati. Fue un acontecimiento único. Con tanta gente, tomar una posición y conservarla es un desafío tan grande como disparar en el momento adecuado.

◄ ▲ Réflex de 35 mm, objetivo 100 mm, 1/125 f5,6, Ektachrome E100VS

FESTIVALES

Son un motivo fantástico para fotografiar. Suelen celebrarse en días no laborables y atraen a habitantes de toda la región. La gente se viste de fiesta, está relajada y de buen humor. Hay que aprovechar la aglomeración y el ambiente festivo para mezclarse con los lugareños y acercarse a la acción. Hay que estar preparado para jornadas intensivas y largas caminatas.

Mujer en Pushkar, India
La feria anual de Pushkar es una de las celebraciones más coloristas de India. Llenando la imagen con los vivos colores de los saris de las mujeres se resalta el colorido y la concentración de gente.
▲ Réflex de 35 mm, objetivo 24 mm, 1/250 f11, Kodachrome 64

Festival del *gompa* de Timosgan, Ladakh, India

Al llegar al *gompa* (monasterio) las gentes del lugar rodean el edificio principal tres veces en el sentido de las agujas del reloj. Situado donde la luz era más viva y fuera del recorrido, el fotógrafo captó la gente al pasar. Al estar arrodillado no quedaba frente a la línea inmediata de visión, con lo que la mayoría no miraba directamente a la cámara.

▲ Réflex de 35 mm, objetivo 24mm, 1/125 f8, Kodachrome 200

Devoto en el festival Thaipusam, Singapur

La comunidad hindú de Singapur honra al gran Subramaniam perforándose los pómulos y la lengua con agujas de metal y cargando grandes estructuras de metal y madera, decoradas con plumas, frutas y flores, fijadas al cuerpo con ganchos.

▲ Réflex de 35 mm, objetivo 24 mm, 1/125 f5,6, Kodachrome 200

DESFILES Y PROCESIONES

Son temas difíciles. Por su propia naturaleza (al estar en movimiento) no dejan mucho tiempo para pensar, encuadrar y disparar. Los grandes desfiles organizados atraen multitudes y las calles suelen estar abarrotadas, lo que hace difícil desplazarse con rapidez. Puede que sea preferible quedarse en un mismo lugar si se va con familia o amigos. En ese caso conviene escoger la posición cuidadosamente, teniendo en cuenta la dirección de la luz y lo que queda como telón de fondo del desfile. No es deseable encontrase mirando hacia el sol o en dirección a un enjambre de cables eléctricos y sin posibilidad de moverse. Si se tiene libertad de movimientos, una buena opción es unirse al desfile, concentrándose en los elementos más interesantes y buscando diferentes puntos de vista. También se pueden encontrar excelentes oportunidades entre los que se concentran por delante y por detrás, haciendo retratos de gente vestida para la ocasión.

Procesión de cofradías, Chichicastenango, Guatemala

El tañido de las campanas avisó de esta pequeña procesión. Cada vez que oye campanas el fotógrafo lo deja todo y sale a investigar. El grupo se movía rápido por una callejuela llena de obstáculos, de modo que decidió adelantarse y esperar a que llegaran en vez de ir a su ritmo. En un día tan luminoso es ideal trabajar con velocidades altas y aperturas reducidas, ya que hay poco tiempo para pensar y enfocar.

▲ Réflex de 35mm, objetivo 100 mm, 1/250 f11, Ektachrome E100VS

Tono Matsuri, Tono, Japón

Cuando el desfile no avanza rápido, o si se detiene, es la ocasión para retratar a los participantes. Dada la tenue luz de aquel día lluvioso, hubo que concentrarse en los grupos con vestidos más luminosos. Al trabajar con poca profundidad de campo, se limitó el encuadre a una de las participantes.

▲ Réflex de 35mm, objetivo 100 mm, 1/125 f2,8, Ektachrome E100VS

Grupo Nanoo, Sydney, Australia

Si se está cerca de la acción conviene usar el objetivo con el campo visual más amplio. Siempre hay quien actúa para la cámara.

▲ Réflex de 35mm, objetivo 24 mm, 1/250 f8, Ektachrome E100SW

ACTUACIONES

Se pueden encontrar representaciones y danzas en interiores o exteriores, en espacios grandes o pequeños, en espectáculos callejeros improvisados o en hoteles. En interiores o de noche es difícil obtener buenas fotografías a menos que se haga caso omiso del fotómetro. Los escenarios y los actores no tienen una iluminación uniforme. Normalmente el personaje principal está iluminado con un haz de luz más intensa. Para captar el ambiente del acto lo mejor es usar una película de alta sensibilidad, de 400 ISO como mínimo, pero con 800 ISO se conseguirá mayor flexibilidad para aumentar la velocidad o la profundidad de campo. A menos que el intérprete principal llene todo el fotograma, el fotómetro lo sobreexpondrá. Hay que usar el sistema de medición puntual. Otra opción es acercar el zoom y llenar la imagen con el intérprete bien iluminado, fijar la exposición y reencuadrar; o subexponer en uno o dos puntos. El uso del flash garantiza un recuerdo de la actuación, pero para obtener imágenes interesantes es preferible experimentar con velocidades lentas en cámaras réflex o con la modalidad de fotografía nocturna en las compactas (véanse pp. 99 y 114).

Artista callejero, Melbourne, Australia

Un tipo vestido con un tutú rosa, comiéndose una manzana y haciendo malabarismos con cuchillos subido en un monociclo de 3 m merece una fotografía. Las actuaciones en vivo ponen a prueba al fotógrafo a menos que se sepa lo que va a suceder y cuándo. Si no, se acaba viendo toda la actuación a través del visor, a la espera de captar los momentos más espectaculares. No se puede levantar la cámara cuando pasa algo interesante porque, para cuando llega a la altura del ojo, el momento ya ha pasado.

◂ Réflex de 35mm, objetivo 180 mm, 1/250 f5,6, Ektachrome E100SW

Bailarina, Ubud, Bali, Indonesia

Cada noche en el pueblo de Ubud y sus alrededores se representan danzas balinesas. Son muy populares y no es fácil conseguir una localidad céntrica con buenas vistas del escenario a menos que se llegue 45 minutos antes. La parte frontal del escenario está iluminada con focos muy tenues. Para realizar esta foto se esperó a que la bailarina se acercara a las luces y se midió la luz puntualmente, eliminando el fondo oscuro.

▲ Réflex de 35mm, objetivo 180 mm, 1/125 f2,8, Kodachrome 200 forzada a 400 ISO (un punto)

MERCADOS

Los mercados son maravillosos para visitar y fotografiar. Hay un montón de temas y personas demasiado ocupadas para prestar atención al fotógrafo. Se puede buscar una visión general del mercado, tomar fotografías de la gente trabajando, retratos de los vendedores y primeros planos de los productos. Hay que estar atento cuando se pesan las mercancías y el dinero cambia de manos.

Los mercados son más activos e interesantes a primera hora de la mañana, cuando llegan los productos y se montan los puestos. Nada más llegar conviene dar una vuelta y observar las diferencias con respecto a otros mercados, las zonas que parecen más interesantes y las que tienen mejor luz.

En las ciudades los grandes mercados abren cada día, pero en los pueblos hay que planear la visita para coincidir con los días de mercado. Los semanales tienen un ambiente festivo, ya que acude gente de los alrededores para comerciar y relacionarse. Pueden encontrarse problemas de iluminación, pero observando de dónde viene la luz se evitará perder tiempo y película. Las sombrillas y los plásticos generan sombras muy duras. Es mejor concentrarse en motivos que estén completamente a la sombra o a pleno sol. Si el producto está al sol pero el vendedor a la sombra habrá que usar el flash.

Los mercados cubiertos plantean un problema específico. La luz suele ser muy tenue y en muchos casos procede de fluorescentes que dan a la película de día un horrible tono azul verdoso. La cámara digital lo soluciona con la función del balance de blancos. Para la fotografía convencional una opción es el flash, otra el uso de una película de alta sensibilidad y buscar las zonas con mezcla de luces. Mejor aún es centrarse en los puestos próximos a las entradas y los extremos del mercado, que suelen estar más iluminados y con mejor calidad de luz.

Mercado flotante de Pasar Kuin, Kalimantan, Indonesia

El mercado flotante en la confluencia de los ríos Kuin y Barito atrae cientos de embarcaciones. El comercio entre barcas es una imagen fascinante. Para mostrar la compraventa de huevos en su contexto necesitaba un punto de vista elevado. Ponerse de pie en una barquita en marcha puede ser peligroso. Si se incluye el horizonte, hay que asegurarse de que queda recto y usar una velocidad rápida para evitar el movimiento de la cámara (o de la barca).

◄ Réflex de 35 mm, objetivo 24 mm, 1/250 f5,6, Kodachrome 64

Día de mercado, Solola, Guatemala

Los días de mercado en los pueblos guatemaltecos tienen todo el color que se puede desear. A menudo se extienden ampliamente e incluyen montones de puestos con condiciones de luz variadas y diferentes puntos de vista. Dedicar tiempo a los mercados raramente decepciona.

◄ Réflex de 35 mm, objetivo 24 mm, 1/250 f8, Ektachrome E100VS

Mercado de flores, Calcuta, India

El mercado de flores bajo el puente Howrah es una de las imágenes más fascinantes de Calcuta por su gran cantidad de puestos al aire libre y a cubierto y los múltiples puntos de vista.

▲ Réflex de 35 mm, objetivo 100 mm, 1/125 f8, Ektachrome E100SW

Mercado de Bolhão, Oporto, Portugal

Con mal tiempo se agradeció que uno de los mercados de Oporto fuera cubierto. Este puesto estaba en una esquina, de cara a un estrecho y oscuro pasaje, nada idóneo para fotografiar. El fotógrafo esperó en un extremo a que la dueña saliera a la luz a preparar un pedido.

▲ Réflex de 35 mm, objetivo 24 mm, 1/30 f2, Ektachrome E100SW forzada a 400 ISO (dos puntos)

ALIMENTARIOS

La comida es una de las prioridades para muchos viajeros. Qué comer, dónde y cuándo son decisiones importantes que pueden ocupar bastantes horas. Mientras se piensa, ¿por qué no fotografiarlo? El modo de cocinar y presentar los alimentos en muchos mercados es casi un arte. Se puede sorprender a un cocinero preparando un plato o llenar el fotograma con frutas para destacar su color y textura. Incluyendo muchas frutas y verduras diferentes se evidencia el colorido y la disposición del puesto.

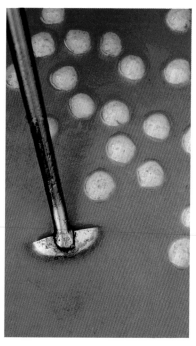

Chiles rojos, San Cristóbal, México
▲ Réflex de 35 mm, objetivo 100 mm, 1/125 f2,8,
Ektachrome E100VS

Sopa, Bangkok, Tailandia
▲ Réflex de 35 mm, objetivo 100 mm, 1/125 f4,
Ektachrome E100VS

Para realizar la presentación, las texturas y los colores de la comida hay que fotografiarla de cerca. Cuando se presenta de forma horizontal (si no se trata de comida apilada), hay que mantener la cámara en paralelo a los productos para que toda la imagen quede enfocada. En muchos casos hay que inclinarse sobre el puesto de comida, así que debe tenerse cuidado con la propia sombra. Para hacer macros la luz debe ser uniforme.

Fotografiar primeros planos de verduras probablemente acabará de convencer a los lugareños de que los turistas están locos, pero es un pequeño precio que hay que pagar por el colorido y el interés que añaden las fotografías de comida al total del reportaje.

Limonada, Yangon, Myanmar
Réflex de 35 mm, objetivo 50 mm, 1/60 f4, Ektachrome E100VS ▶

ARTESANALES

En los mercados generales suele encontrarse artesanía para el consumo local y de los turistas, pero en los destinos más populares los productos orientados al turismo son inconfundibles. Los mercados artesanales tienen la ventaja de que permiten fotografiar al artesano en acción. Es relativamente fácil tomar imágenes de los productos (no se mueven, están en el mismo sitio todos los días y hay mucho donde escoger), pero con una composición cuidada se puede convertir una fotografía, incluso sencilla, en una pieza destacada.

Artista, Antigua, Guatemala

En el mercado de artesanía de Antigua, el artista Óscar Perén trabaja en una nueva pintura. A menos que se busque una pieza determinada, hay que localizar a la gente que trabaja en condiciones favorables para la fotografía antes de perder el tiempo y película en situaciones difíciles.

➤ Réflex de 35 mm, objetivo 24 mm, 1/125 f8, Ektachrome E100VS

Mantas a la venta, La Paz, Bolivia

Es frecuente ver un mismo producto formando montones, colgado o extendido. Con la repetición de formas, texturas y colores se crean imágenes de gran contenido gráfico. Incluso un detalle aislado como éste da una idea del lugar.

➤ Réflex de 35 mm, objetivo 100 mm, 1/125 f8, Kodachrome 64

Collares de cuentas en un mercado callejero, Durban, Sudáfrica

Los mercados ofrecen infinitas posibilidades de tomar primeros planos. Aunque muchas cámaras compactas tienen una distancia mínima de enfoque de 0,6 a 1 m, lo que limita las posibilidades, hay que seleccionar la mínima distancia focal y buscar motivos que llenen la imagen.

◄ Réflex de 35 mm, objetivo 100 mm, 1/125 f8, Ektachrome E100VS

Mercado de artesanía, La Habana, Cuba

En el mercado de Tacón son características las grandes pinturas de vivos colores.

▲ Réflex de 35 mm, objetivo 100 mm, 1/250 f8, Ektachrome E100VS

SALIDA Y PUESTA DE SOL

Un cielo coloreado, palmeras mecidas por el viento y la silueta de un par de barquitas contra un sol dorado poniéndose en el horizonte... es la imagen de unas vacaciones de ensueño y un clásico en los folletos de viajes. Claro que es un tópico, pero eso no hace más que aumentar el desafío. Sólo un color bonito en el cielo no hace una buena fotografía. Siempre es recomendable pensar en el lugar y el tema que va a fotografiarse antes de que se ponga o salga el sol. Éste se pone mucho más rápido cuando se busca desesperadamente un lugar.

Cuando hay nubes las variaciones de color pueden representar un atractivo en sí mismas. Una opción es buscar algún motivo silueteado contra la claridad del fondo. Justo antes de que salga el sol o de que desaparezca, poniéndose de espaldas a él se verá el mundo bañado en una luz intensa, cálida y dorada.

Cuando el sol está por debajo del horizonte, tras las nubes o fuera de la imagen, las lecturas del fotómetro suelen ser precisas. Si el sol está en la imagen, hay que dar una exposición superior a la recomendada o la imagen quedará subexpuesta (lo que dejará un sol perfectamente expuesto en medio de un fondo oscuro). Este efecto se exagera aún más con el teleobjetivo. Para conservar el color y los detalles hay que medir en un frag-

Louvre, París, Francia

Un par de minutos antes de la puesta de sol el Louvre quedó bañado por una luz dorada. Cuando hay tantas nubes es difícil predecir si el sol aparecerá, creando un efecto espectacular, o desaparecerá en la noche. En momentos así vale la pena estar solo: poca gente está dispuesta a pasar frío esperando por si acaso se da la gran oportunidad.

◀ Réflex de 35 mm, objetivo 24 mm, 1/15 f11, Ektachrome E100SW, trípode

Jugando a pelota en la playa, Colombo, Sri Lanka

Había un grupo de niños jugando en la playa y el fotógrafo decidió dedicar la puesta de sol a esta fotografía. Sabía lo que quería, pero estaba nervioso esperando que los elementos se combinaran antes de que el sol desapareciera.

◀ Réflex de 35 mm, objetivo 70-200 mm, 1/400 f7,1, Ektachrome E100VS

Lhotse y Nuptse, Dingboche, Khumbu Himal, Nepal

Casi todo el día los picos del Himalaya son de un blanco radiante, pero al despuntar y acabar el día siempre hay posibilidad de que tomen tonos anaranjados, rojizos o amarillentos. Aunque la montaña esté cubierta de nubes, vale la pena esperar: los cambios repentinos son frecuentes.

◄ Réflex de 35 mm, objetivo 180 mm, 1/60 f11, Ektachrome 50STX, trípode

mento de cielo adyacente al sol y luego recomponer la fotografía. Si se usan diapositivas, en las cámaras más antiguas hay que sobreexponer en uno o dos puntos. Con película de negativo, se debe subexponer en uno o dos puntos. Las cámaras modernas con sistemas de medición avanzados resuelven bastante bien estas situaciones, pero aun así vale la pena hacer un par de tomas de más y sobreexponer las diapositivas en medio punto y un punto para estar seguro.

Con el sol en el encuadre es mejor hacer horquilla. Si se tiene una cámara compacta hay que dejar el sol fuera de la imagen, o por lo menos disparar una con sol y otra sin.

RESPLANDOR

Al fotografiar hacia el sol hay que tener cuidado con los resplandores provocados por los rayos que entran en el objetivo. Reducen el contraste y aparecen en la imagen en forma de manchas de luz. Con las cámaras réflex se pueden ver los resplandores y destacan con el botón de profundidad de campo. Normalmente basta con un mínimo cambio en el ángulo de la cámara o el punto de vista para solucionar el problema. Los parasoles pueden servir para evitar los resplandores, pero a veces es necesario también tapar el sol con la mano o ponerlo detrás de algún elemento del encuadre.

Barco de pesca, Marang, Malasia

Cuando se pone el sol se inicia la pesca y los barcos salen desde la pequeña población de Marang, en la costa oriental de Malasia. Con el sol en el encuadre, se hizo una lectura del cielo y luego se recompuso la imagen. En automático, la fotografía estaría subexpuesta en un par de puntos. Cuesta acostumbrarse a contradecir tanto al fotómetro, pero incluso estando seguro se recomienda hacer horquilla si el sol va a salir en la imagen.

◄ Réflex de 35 mm, objetivo 100 mm, 1/250 f8 (+ un punto), Ektachrome 100STZ

SILUETAS

Cuando se expone para los colores de la salida o la puesta de sol, los objetos en primer plano quedan iluminados por detrás y pierden los detalles, apareciendo como siluetas. Una forma atractiva o familiar silueteada frente a un fondo brillante y lleno de color puede ser muy interesante y la imagen gana profundidad. Hay que asegurarse de que la silueta permanece rodeada por un fondo luminoso y no desaparece en la oscuridad. Lo mejor es buscar cierta separación entre los elementos o su forma e impacto se perderán.

Pescador al amanecer, Sanur, Bali, Indonesia

Al aislar al pescador con un teleobjetivo la composición es realmente sencilla. Con la luz detrás del pescador y exponiendo para las luces del agua, él queda silueteado. Al colocarlo a la izquierda del encuadre permanece mirando en dirección a la composición y mantiene la atención del espectador dentro del encuadre al mismo tiempo que la dirige hacia las ondas del agua.

▲ Réflex de 35 mm, objetivo 180 mm, 1/250 f5,6, Ektachrome 100STZ

Vendedor de camellos, Pushkar, India

Un vendedor de camellos vigila a sus animales mientras se pone el sol sobre el desierto de Thar. La mayoría de la gente estaba en el valle, por lo que se buscó un lugar donde pudiera fotografiar siluetas de personas y camellos.

◀ Réflex de 35 mm, objetivo 100 mm, 1/125 f5,6, Kodachrome 64

TEMAS EN MOVIMIENTO

Bailarines mexicanos, rápidos *becaks* en Yogjakarta, *windsurfistas* en Port Elizabeth, fuegos artificiales, coches en marcha... son muchísimas las cosas que no se detienen.

▸ **Con los temas en movimiento, hay más probabilidades de éxito si se sigue la máxima de "disparar primero y pensar después"**

Una velocidad de obturación rápida congelará la acción en un momento interesante; las velocidades lentas se pueden usar para expresar movimiento. Si el que se mueve es el fotógrafo, las probabilidades de éxito van a ser pocas. Para disparar en esas circunstancias lo mejor es:

▸ seleccionar la velocidad más rápida posible (lo ideal es 1/1.000)
▸ usar un objetivo estándar o teleobjetivo corto (50 o 70 mm) para eliminar el primer plano
▸ enfocar al infinito
▸ desconectar el flash y seleccionar el enfoque manual si se va a fotografiar a través de una ventana
▸ buscar con antelación una posición con buena visibilidad
▸ no dudar.

Mujer remando en un *shikara* en el lago Dal, Cachemira, India
Cuando se está en movimiento y el tema también se mueve hay que seleccionar la máxima velocidad posible para que la imagen no quede movida. Un objeto que se mueve en dirección a la cámara se puede "congelar" con una velocidad de 1/125, pero si va a rebasar la cámara hará falta 1/500 o 1/1.000.
▲ Réflex de 35 mm, objetivo 100 mm, 1/125 f4, Kodachrome 64

Bailarines zulúes, Dumazulu, Sudáfrica
Los bailarines entraban y salían de las sombras mientras caían los últimos rayos de sol. No había suficiente luz para usar la velocidad ideal de 1/500 y congelar el movimiento. Se tuvo que esperar a que el bailarín principal saliera al sol y así al menos disparar a 1/125. Para compensar, el fotógrafo disparó cuando el baile hacía una ligera pausa.
◂ Réflex de 35 mm, objetivo 100 mm, 1/125 f4, Ektachrome E100VS

CONGELAR LA IMAGEN

Cuando la actividad es frenética, una velocidad de obturación de 1/500 o más congelará la acción y capturará el momento con gran detalle. En exteriores no es problema con una película de 100 ISO, pero en interiores hay que usar 400 u 800 ISO. Con una velocidad alta se necesita una apertura mayor y el resultado es una menor profundidad de campo, de modo que es esencial enfocar bien, especialmente con un teleobjetivo.

Windsurfista, Port Elizabeth, Sudáfrica

Port Elizabeth es famoso por el _windsurf_. Se utilizó la velocidad de obturación más rápida posible para congelar el movimiento del _windsurfista_ y evitar el movimiento de la cámara.

▲ Réflex de 35 mm, objetivo 350 mm, 1/1.000 f5,6, Ektachrome E100VS

Festival Usuba Sambah, Bali, Indonesia

El festival Usuba Sambah es un acontecimiento atípico. En este festival, entre los bellos ropajes y las danzas tradicionales, los hombres se dividen en dos equipos y se frotan la espalda unos a otros con cactus llenos de púas hasta que sangran. Gracias al objetivo de 180 mm el fotógrafo pudo mantenerse a distancia de la sangre y captar a la vez una elocuente expresión de lo que significa tener un cactus rasgando la espalda.

▲ Réflex de 35 mm, objetivo 180 mm, 1/500 f5,6, Ektachrome 100STZ

Luchador de sumo, Nagoya, Japón

Un luchador de sumo calienta antes del asalto. En interiores raramente hay suficiente luz para usar película de 100 ISO. Hay que utilizar objetivos más largos y velocidades más rápidas para encuadrar el motivo aisladamente y congelar la acción.

▲ Réflex de 35 mm, objetivo 180 mm, 1/125 f2,8, Kodachrome 200 forzada a 400 ISO (un punto)

BARRIDO E IMAGEN MOVIDA

El barrido y la imagen movida son técnicas que permiten dar idea de movimiento en el estatismo de una fotografía. En vez de congelar el sujeto, parte de la imagen se difumina: el fondo, el motivo principal o ambas cosas.

Barrido

Normalmente el barrido se utiliza para mantener enfocado el sujeto en movimiento y difuminar el fondo, dando una impresión de movimiento y velocidad. La velocidad del sujeto determinará la de obturación. Se puede empezar con 1/30 y 1/15. Hay que mover la cámara a la velocidad del sujeto y seguirlo mientras se mueve. Al llegar a la altura de la cámara, se dispara sin dejar de seguir al sujeto. No hay que esperar un alto índice de éxitos pero, si el sujeto se presta, el barrido produce imágenes muy efectistas.

Becak a gran velocidad, Yogjakarta, Java, Indonesia

Yogjakarta está llena de *becaks* de tres ruedas. Esta foto se hizo en una zona donde el tráfico era constante y el fondo bastante regular. El resultado del barrido es impredecible, de modo que conviene hacer varias exposiciones.

▲ Réflex de 35 mm, objetivo 180 mm, 1/15 f11, Ektachrome E100SW

Imagen movida

Se puede dar idea de acción y actividad con una velocidad de obturación lenta como para difuminar un elemento móvil pero mantener la definición en el resto. El truco consiste en no agitar la cámara y que no se mueva lo que no debe moverse. Cuando un alfarero está trabajando, una velocidad de obturación baja dará un movimiento muy efectista al torno, pero si el alfarero también se mueve, la imagen perderá toda la gracia.

Alfarero, Bhaktapur, Nepal

Con una velocidad de 1/30 se pudo captar el movimiento del torno y bastó para que el sujeto y la cámara no se movieran. La velocidad mínima para evitar el movimiento de la cámara se puede reducir usando un gran angular, pero no hay que bajarla demasiado para evitar que el sujeto se mueva.

▲ Réflex de 35 mm, objetivo 24 mm, 1/30 f2, Kodachrome 200

FUEGOS ARTIFICIALES E ILUMINACIÓN

Fuegos artificiales

Lo mejor es usar un trípode, cable disparador y una sensibilidad de 100 ISO. Si se recogen en una misma imagen varias explosiones de luz se pueden obtener resultados mucho más interesantes y llenos de color.

- Fijar la velocidad de obturación en la modalidad B (que permite abrir el obturador todo lo que se desee)
- Fijar la apertura a f8
- Seleccionar el enfoque al infinito. Pasar de autofoco a manual
- Desactivar el flash
- Encuadrar una parte del cielo donde se espera van a aparecer los fuegos
- Abrir el obturador con el cable disparador y dejar que los fuegos tracen diferentes líneas
- Entre cada explosión, tapar el objetivo con un trapo oscuro, procurando no mover la cámara

Hay que evitar colocarse en un lugar bien iluminado donde el objetivo pueda recibir luces extrañas que provoquen una sobreexposición. Hay que aplicar el método de ensayo y error, de modo que conviene probar con diferentes tiempos de exposición.

Se puede usar la misma técnica para fotografiar rayos.

Fuegos artificiales, Melbourne, Australia

Los fuegos artificiales se pueden fotografiar a pulso, pero es recomendable una exposición larga que recoja varias explosiones. Dado que no se puede tener la seguridad de dónde van a ir a parar, es mejor usar un objetivo de gran amplitud para abarcar toda la zona y recortar la imagen posteriormente.

◄ Réflex de 6 x 7 cm, objetivo 90 mm, 15 s f8, Ektachrome 50STX, trípode

Pirotécnico, Antigua, Guatemala

Cuidado con los tipos cargados con bastidores de madera llenos de fuegos de artificio. Es conveniente usar un teleobjetivo para no tener que acercarse demasiado.

◄ Réflex de 35 mm, objetivo 100 mm, 1/60 f8, Ektachrome E100VS

Iluminación

Captar la estela que dejan las luces en movimiento puede añadir interés y color a escenas que de otro modo aparecerían de un negro uniforme. Debe aplicarse la técnica descrita para los fuegos artificiales, pero fijando la apertura en f11 para conseguir una buena profundidad de campo y con una exposición de 10, 20 y 30 segundos o más. Con este tipo de fotografías no hay garantías, porque la intensidad de las luces puede variar de una exposición a otra, de modo que conviene hacer horquilla. Muchas cámaras dan velocidades de obturación automáticas de hasta 30 segundos. Como punto de partida, se puede disparar en automático y ver qué exposición usa la cámara. Luego se puede pasar a manual y seleccionar la modalidad B y hacer horquilla alrededor de lo que recomienda la cámara.

Tráfico en el Tower Bridge, Londres, Inglaterra

Aunque había suficiente luz para una exposición corta, el fotógrafo apoyó el trípode en una mediana, si bien había bastantes posibilidades de que se moviera al pasar los coches y autobuses. Hizo una prueba de luz de la pared de piedra porque la de los faros habría hecho que el fotómetro subexpusiera.

▲ Réflex de 35 mm, objetivo 100 mm, 1 s f8, Ektachrome E100SW, trípode

VIDA SALVAJE

La fotografía de animales requiere paciencia, tiempo y suerte. Los animales no suelen destacar por su cooperación y el fotógrafo debe esforzarse para conseguir fotos identificables, interesantes y variadas. Ver animales en estado salvaje es algo especial, pero no justifica que se olvide todo lo aprendido sobre lo que es una buena fotografía. La primera dificultad es acercarse lo suficiente. No basta con saber que se ha fotografiado a un elefante, sino que debe verse claramente. También es importante seleccionar el punto de vista según la dirección de la luz y el fondo, como con cualquier otro tema. Siempre hay que enfocar a los ojos; el resto puede estar desenfocado, pero no los ojos. Como la zona de enfoque está en el centro del encuadre, conviene recomponer la imagen después de enfocar para evitar colocar al sujeto en el centro, lo que daría una composición demasiado estática.

Se puede retratar animales con cámaras compactas con zoom (38-90 mm) o réflex con zoom estándar (28-105 mm). En muchos parques nacionales, sobre todo cerca de las zonas de acampada, algunos animales están acostumbrados a la presencia humana y dejan que las personas se les acerquen; pero en la naturaleza las limitaciones del equipo pueden ser frustrantes. El ojo "acerca" a los animales lejanos y exagera su tamaño, pero en la película aparecerán insignificantes. Para evitar desilusiones vale más concentrar los esfuerzos en animales que permitan acercarse y en composiciones que les muestren en su hábitat.

Para fotografiar animales salvajes es imprescindible una focal de 300 mm, que da un aumento suficiente para representar bien a casi todos los animales y permite retratos que llenan el encuadre. Si la fotografía de animales salvajes es una de las metas del viaje y el objetivo más largo (fijo o zoom) es menor de 300 mm, habría que comprar un teleconvertidor, que dará una mayor versatilidad sin el coste y peso de otro objetivo. Si ya se posee un 300 mm, un teleconvertidor abrirá un nuevo abanico de posibilidades (véase p. 27).

Elefante bebiendo, Pinnewala, Sri Lanka

Cuando la manada del orfanato de elefantes de Pinnewala acude al río a bañarse hay mucho movimiento, sobre todo durante la primera media hora. Hay que buscar acciones repetidas por individuos y por la manada, como llenarse la trompa y beber, para poder afinar mejor la composición y predecir el momento perfecto para disparar.

◂ Réflex de 35 mm, objetivo 70-200 mm, 1/350 f4, Ektachrome E100VS

Cría de elefante, Parque Nacional de Elefantes Addo, Sudáfrica

Lo bueno de los elefantes es que son enormes y permiten acercarse bastante; incluso con el objetivo estándar se puede llenar el encuadre. Pero las crías son pequeñas, así que hay que usar objetivos más largos. La de la foto estaba aprendiendo a andar y a mover las orejas. Los guardas de los parques pueden orientar al fotógrafo acerca de cuándo y dónde se pueden ver las manadas.

◂ Réflex de 35 mm, objetivo 350 mm con teleconvertidor 1,4x, 1/500 f4, Ektachrome E100VS

DE SAFARI

Los parques naturales de África son los destinos más solicitados para fotografiar animales. Si se planea hacer un safari por este continente, conviene llevar más carretes de lo habitual; casi todo el mundo gasta muchos más de los previstos. En los parques nacionales, los animales se ven desde el vehículo, del cual está prohibido apearse. En todo momento hay que saber de dónde viene la luz, para poder situar el vehículo rápidamente o dar instrucciones al conductor. Pronto se descubre hasta qué punto es posible acercarse a un animal antes de que huya, para así saber de antemano qué objetivo utilizar. Con los objetivos largos se requieren velocidades rápidas para evitar que la cámara vibre o que el animal salga borroso al moverse.

León, Reserva Natural Moremi, Botswana

Después de seis semanas visitando 16 parques en el sur de África, el fotógrafo entendió que ver a los animales ya es difícil de por sí. No fue hasta el duodécimo parque cuando finalmente pudo fotografiar leones, y allí estaban por todas partes; incluso a 500 m de donde tuvo que bajar del vehículo para desencallarlo de la arena.

◂ Réflex de 35 mm, objetivo 350 mm, 1/.000 f5,6, Ektachrome E100VS

Puede ser cansado tener que sostener la cámara a la altura de los ojos mucho rato, pues hay que observar a los animales y esperar el momento preciso. La ventanilla del vehículo es un punto de apoyo ideal y además puede subirse y bajarse según las necesidades. En los vehículos descapotables, se puede apoyar la cámara en el capó mientras se vigila. Hay que usar un trozo de ropa o la bolsa de viaje para apoyar la cámara y parar el motor para evitar vibraciones innecesarias.

Los animales desarrollan una mayor actividad a primera y última hora del día. Si se usan objetivos zoom en su focal máxima (210 o 300 mm), habrá que ajustar las velocidades rápidas que correspondan (1/250, 1/500) y la apertura máxima será de f5,6 a f8, aproximadamente. A estas horas, hay que estar preparado para utilizar película de 400 ISO y pasar a la película normal cuando haya suficiente luz.

Impala, Reserva Natural Mlilwane, Swazilandia

Los impalas están por todas partes e incluso hay algunos que no se asustan. Si se carece de un objetivo largo, se pueden fotografiar en su hábitat. Si el animal no advierte la presencia del fotógrafo, las imágenes son mucho más interesantes.

▲ Réflex de 35 mm, objetivo 180 mm, 1/250 f8, Ektachrome E100VS

Hipopótamo, Parque Nacional Chobe, Botswana

Los hipopótamos no suelen moverse mucho durante el día, por lo que fue una suerte ver a este grupo ir al río. Hay que asegurarse de que los ajustes sean apropiados para la situación y el objetivo que se use. Si se va en barco, ajústese la velocidad más alta posible.

▲ Réflex de 35 mm, objetivo 350 mm con teleconvertidor 1,4x, 1/1.000 f4, Ektachrome E100VS

EN LAS GALÁPAGOS

Las islas Galápagos, a caballo del ecuador y a 1.000 km de la costa de Ecuador, ofrecen oportunidades únicas para fotografiar animales. Éstos abundan tanto que en algunos lugares hay que vigilar para no pisarlos.

El archipiélago está formado por 16 islas, tres de las cuales están habitadas. Para ver los animales hay que unirse a una excursión en grupo y navegar de una isla a otra. Se duerme y se come en el barco, y se utilizan botes pequeños o *zodiacs* para acceder a los centros de visitantes de cada isla. De éstos, se suele visitar uno por la mañana y otro por la tarde. El buceo es otra actividad diaria. El barco navega entre los centros de visitantes y las islas durante el día y la noche, por lo que en una semana pueden visitarse numerosas islas y ver una gran variedad de animales. El fotógrafo realmente se pone a prueba.

Las condiciones atmosféricas de las Galápagos no son beneficiosas para la cámara ni el equipo. Siempre hace calor, muchas veces humedad, y el sol intenso en tierra es sofocante. Se está constantemente en el mar o cerca de él y se pasa mucho tiempo en las playas. En la mayor parte de los centros de visitantes no hay sombra, o muy poca. Conservar el equipo y la película frescos, secos y a salvo de la arena es todo un reto. Al dejar el barco para visitar una isla no se puede volver atrás cuando apetezca, por lo que hay que prever lo que se necesitará en tierra. Es útil llevar una bolsa de basura grande y resistente para proteger por entero la mochila de viaje en la playa mientras se nada y se bucea. Para los usuarios de cámaras compactas, es el lugar perfecto para llevar una sumergible. No se permite utilizar el flash, por lo que conviene comprobar que se pueda desconectar.

Iguana marina, isla San Salvador, Galápagos, Ecuador

Pasada la emoción de los primeros avistamientos, no se debe olvidar que una buena composición e iluminación son tan importantes para fotografiar animales como para otros temas. Las iguanas abundan, pero se necesitó un esfuerzo coordinado para encontrar una tan bien situada como ésta, con la luz bien dirigida y un fondo que no distrae.

▲ Réflex de 35 mm, objetivo 180 mm, 1/250 f8, Ektachrome E100VS

Alcatraz de Nazca alimentando a un polluelo, isla Española, Galápagos, Ecuador

Las Galápagos son la excepción a la norma según la cual se necesitan teleobjetivos largos para fotografiar aves. Un primer plano de aves como éste sólo se consigue con un objetivo de 400 o 500 mm, pero con el de 200 mm se pueden hacer otras tomas.

▲ Réflex de 35 mm, objetivo 70-200 mm, 1/500 f8, Ektachrome E100VS

Garza, isla Santa Cruz, Galápagos, Ecuador

Los animales de las Galápagos toleran la presencia humana de cerca, por lo que hay que aprovechar para probar diferentes composiciones que complementen la toma típica del animal de cuerpo entero. Al eliminar el embarcadero de madera se consigue un retrato de mayor fuerza gráfica.

▲ Réflex de 35 mm, objetivo 70-200 mm, 1/200 f6,3, Ektachrome E100VS

La mayor parte de los animales se avistan yendo a pie (a diferencia de los safaris en África), lo que facilita encontrar un buen punto de vista. Pero también hay que estar preparado para disparar desde los pequeños botes (a veces navegando entre rocas), lo que pone a prueba la técnica y la creatividad del fotógrafo. De cualquier forma, hay que actuar deprisa. En cada lugar se tienen una o dos horas para la visita, pero los guías dan prisa al grupo para poder llegar al sitio previsto a la hora de comer o de volver al barco, y no se permite desviarse de la ruta. Así pues, sólo se dispone de algunos minutos para fotografiar cada tema. Vale la pena buscar un circuito fotográfico por las islas si hacer fotos es la prioridad del viajero.

Como es posible acercarse a muchos animales, con objetivos de 100 a 200 mm se podrán captar buenos primeros planos de muchos de ellos. Sin embargo, habrá muchas situaciones en que los animales están demasiado lejos del camino (que no se puede abandonar), subidos a un árbol muy alto, son muy pequeños, o todo a la vez, para poder hacer fotos aceptables. Los objetivos a partir de 300 mm que se recomiendan para los animales salvajes en general y los superiores a 500 mm adecuados para aves, son igual de necesarios en las Galápagos. Además, como se bucea cada día, también será interesante llevar una cámara o estuche sumergible.

EN EL ZOO

Los zoológicos y las reservas de animales son interesantes en sí mismos e ideales para practicar y prepararse para fotografiar animales salvajes. Conviene pasar un día en el zoo de la ciudad o en un parque natural cercano antes de emprender un safari para descubrir las limitaciones del equipo y saber cuánto es posible acercarse a un animal grande o pequeño para hacer fotos impactantes.

La tela metálica de las jaulas puede eliminarse colocando el objetivo pegado a ella (siempre que no esté prohibido) y seleccionando la mayor apertura posible (f2,8 o f4). Esta técnica funciona mejor con un teleobjetivo y si el animal está al menos a 2 m. Si se utiliza una cámara compacta, recuérdese que lo que se ve por el visor no es lo mismo que se registra por el objetivo. Hay que colocar éste en una abertura de la tela metálica y luego mirar por el visor; aunque se vea el alambre, no saldrá en la fotografía.

Águila volatinera, Zimbabwe

Esta bella águila volatinera se fotografió a través de la tela metálica de una reserva usando un teleobjetivo y una abertura grande. Sin ser partidario de enjaular a las aves grandes, el fotógrafo no pudo resistir hacerle un retrato.

◄ Réflex de 35 mm, objetivo 100 mm, 1/125 f2, Ektachrome E100VS

Ualabi de Parry, Parque Nacional Cape Hillsborough, Australia

Muchos parques nacionales poseen animales acostumbrados a la presencia humana, que son el motivo perfecto para practicar la fotografía de naturaleza. Aunque sea posible acercarse al animal en plena naturaleza, es preciso enfocar, medir bien la luz y componer rápidamente.

▲ Réflex de 35 mm, objetivo 180 mm, 1/250 f4, Kodachrome 200

AVES

Las aves son los animales más difíciles de fotografiar. La mayor parte son pequeñas, se posan en lo alto de los árboles, alzan el vuelo a la mínima molestia y raramente están en el mismo sitio largo rato. Un objetivo de 300 mm es adecuado para las más grandes, pero para tener alguna esperanza de llenar el encuadre se necesitan focales de 500 o 600 mm.

Se puede practicar en el propio jardín o en un parque de la ciudad.

Carraca de pecho lila, Parque Nacional de Hwange, Zimbabwe

A menos que uno se dedique y vaya bien equipado, fotografiar aves puede ser muy frustrante. Al menos este pájaro ofrece la oportunidad de acercarse... pero con un enorme teleobjetivo.

◂ **Réflex de 35 mm, objetivo 350 mm con teleconvertidor 1,4x, 1/1.000 f4, Ektachrome E100VS**

Cigüeña, Parque Nacional Kruger, Sudáfrica

Sin objetivos muy largos, fotografiar las aves acuáticas grandes en las charcas y riberas requiere paciencia. Si se llega antes y se espera a que acudan al agua se puede estar lo bastante cerca para hacer fotos identificables.

◂ Réflex de 35 mm, objetivo 350 mm, 1/500 f4, Ektachrome E100VS

Aves marinas sobre el *ferry*, Seattle, EE UU

Los pájaros volando son todo un reto. En el viaje en *ferry* de Bainbridge Island por el estrecho de Puget, al caer la tarde, el fotógrafo pudo practicar la técnica de enfoque rápido cuando los pájaros sobrevolaron el *ferry* durante unos minutos. Un zoom le habría dado más oportunidades, pues las aves se acercaban y se alejaban. Con un objetivo fijo tuvo que esperar hasta que estuvieron dentro de su reducido ángulo visual.

▴ 35 mm SLR, 180mm lens, 1/500 f4, Ektachrome E100VS

DESDE EL AIRE

El mundo desde las alturas se ve muy diferente e incluso el fotógrafo más reacio dispara más de lo previsto. Las oportunidades desde los aviones comerciales son limitadas, pero en muchos destinos se pueden realizar vuelos de recreo en avionetas, helicópteros y globos aerostáticos.

VUELOS COMERCIALES

Desde los aviones es difícil hacer buenas fotos. A menudo las ventanillas están sucias y la curvatura del plástico hace que la imagen salga desenfocada. Si el asiento está detrás del ala, el vapor de los motores puede dificultar la visión. Para aumentar las posibilidades de lograr buenas tomas desde los aviones, conviene:

- Conseguir asiento delante del ala y en el lado opuesto al sol
- Limpiar las manchas y huellas de la ventanilla
- Colocar el objetivo cerca del centro de la ventanilla para disminuir los reflejos y el desenfoque que produce el plexiglás curvado. No apoyar el objetivo contra la ventanilla
- No usar polarizador, pues no funciona con el plexiglás
- Usar objetivos estándar (35-70 mm)
- Disparar a velocidades altas para evitar la vibración de la cámara
- Estar atento a las oportunidades después de despegar y durante el largo descenso

Himalaya, Nepal

El vuelo a poca altura entre Lhasa y Katmandu debe de ser uno de los vuelos comerciales más espectaculares del mundo; las vistas son excelentes desde ambos lados del avión. Se vuela a 10.500 m, a sólo 1.700 m por encima del Everest.

▲ Réflex de 35 mm, objetivo 50 mm, 1/250 f8, Kodachrome 64

Campos de arroz, Leeton, Australia

Al igual que con el resto de paisajes, es mejor hacer fotos aéreas a primera hora. El sol rasante proyecta sombras que realzan la textura y la forma del terreno. Al haber menos luz, la velocidad de obturación será más lenta, pero los vuelos en avioneta son más estables temprano, antes de que se levante el viento.

◄ Réflex de 35 mm, objetivo 35 mm, 1/125 f8, Ektachrome E100VS

AVIONETAS Y HELICÓPTEROS

Volar a poca altitud sobre paisajes espectaculares es una experiencia maravillosa. Fotografiarlos es todo un reto, pero resulta más fácil si se planifica. Los helicópteros ofrecen vistas amplias, pero hay que conseguir un asiento al lado de la ventana. Los aviones de ala alta ofrecen mayor visibilidad que los de ala baja. Pregúntese al piloto cuál es el mejor asiento para tomar fotos y si se puede abrir la ventana. Si se va con la familia o amigos y se alquila todo el avión o helicóptero, se puede preguntar si es posible quitar la puerta (no es tan grave como parece). Muchas empresas trabajan con fotógrafos, por lo que no se extrañarán. Para hacer las fotos se recomienda:

- Ajustar la velocidad a 1/1.000, o lo más alta posible
- No apoyar ninguna parte del cuerpo en el aparato. Las vibraciones harán mover la cámara
- No dudar; disparar rápido y seguido
- Mantener el horizonte recto; hay que rectificarlo constantemente
- Usar un filtro polarizador sobre el agua
- No dejar que la cámara sobresalga por la ventana o puerta, sería imposible mantenerla quieta
- Ponerse la correa de la cámara al cuello si no hay puerta y, sobre todo, abrocharse el cinturón de seguridad
- Empezar el vuelo estrenando un carrete de 36 fotos o teniendo suficiente espacio en la tarjeta para hacer 50 o 60 fotos
- Llevar a mano y desembalados carretes o tarjetas de memoria de repuesto

Cataratas Victoria, Zimbabwe

Se reservó el vuelo en helicóptero sobre las cascadas para que coincidiera con la hora del día en que el sol ilumina la estrecha garganta y aparece el arco iris. Un helicóptero sin puerta ofrece panorámicas difíciles de superar. Hay que vigilar no fotografiar las palas en las tomas verticales o cuando el aparato gira hacia el lado de la cámara.

◄ Réflex de 35 mm, objetivo 35 mm, 1/1.000 f5,6, filtro polarizador, Ektachrome E100VS

GLOBOS AEROSTÁTICOS

Constituyen una plataforma ideal para la cámara. Son estables y proporcionan una visibilidad sin obstáculos hasta el suelo y de todo el horizonte. No pueden maniobrar con la velocidad de un helicóptero o avión, pero son un medio mucho más relajado para fotografiar. Las velocidades de 1/125 y 1/250 son suficientes y llegados a la altura de crucero hay tiempo para pensar la composición, cambiar de objetivo y película… y disfrutar de las vistas.

Valle de Katmandu, Nepal

La espera de un par de horas en el frío para que la niebla se levantase y el globo pudiera despegar mereció la pena. No hay otro lugar del valle desde el que se pueda ver esta imagen.

▲ Réflex de 35 mm, objetivo 100 mm, 1/250 f4, Ektachrome E100SW

Llegar a casa y ver las fotografías del viaje es muy emocionante. En este capítulo se explica cómo sacar el mayor partido de esas fotos, desde cómo evaluarlas, archivarlas y mostrarlas hasta cómo ganar un dinero con ellas.

DE VUELTA A CASA

Tambor silueteado, Angkor Thom, Camboya
◄ Réflex de 35 mm, objetivo 35 mm, 1/250 f11, Ektachrome E100VS

EVALUACIÓN DE LAS FOTOGRAFÍAS

Una vez se han recogido del laboratorio las copias en papel o las diapositivas, o cuando se han transferido las imágenes digitales al ordenador, existen varias formas de seleccionarlas y prepararlas para enseñarlas. Si se trata de copias en papel, se pueden mostrar en el mismo sobre del laboratorio, pero si son diapositivas, hay que prepararlas para la proyección. Las tomas digitales se pueden imprimir, mostrarlas en el televisor u ordenador como si fuera un pase de diapositivas o usar programas de *software* para darles una mejor presentación. Si hacer las fotos dio trabajo, ¿por qué no esforzarse un poco más y presentarlas bien? La evaluación y revisión de las fotos sirve para hacerlas cada vez mejor. Y, puestos a ello, merece la pena organizarse un poco y archivar negativos, copias, diapositivas e imágenes digitales de modo que queden protegidas y sean fáciles de localizar. Y si han salido francamente bien, tal vez se podrían vender.

DIAPOSITIVAS

Para valorar las diapositivas en color se necesita un equipo especial, a menos que uno se conforme con sostenerlas contra la luz. Se requiere una fuente de luz y una lente de aumento para verlas. La opción más económica y sencilla es un visor de diapositivas. Éstas se ven una a una colocándolas dentro del aparato entre una pequeña lámpara y una lente de aumento. La luz se enciende al presionar con levedad el marco de la diapositiva. Es un aparato práctico porque aumenta ligeramente la imagen, pero no facilita la comparación de las diapositivas y exige tocarlas mucho. También se puede usar un proyector, pero es lento y poco práctico si se tienen muchas.

La única forma de valorar las diapositivas correctamente es en una caja de luz (o una mesa de luz) de color corregido; los fluorescentes incluidos en la caja dan luz de día. Conviene que la mesa sea lo bastante grande para visionar al menos una hoja entera de 24 diapositivas montadas (véase p. 246). Si se tiene la intención de preparar pases de diapositivas, convendría que tuviera capacidad para ver cien a la vez. Hay que observarlas con lupa, accesorio que puede costar de 5 a 120 €; vale más comprar una de buena calidad. Ver las diapositivas a simple vista o con una lupa barata no es práctico ni agradable. Sin lupa, se pierde gran parte de los detalles y de la saturación del color; tampoco se distinguirá si están bien o mal enfocadas, ya que a simple vista todas parecen nítidas.

Quema de incienso en el festival de Songkran, Bangkok, Tailandia
◄ Réflex de 35 mm, objetivo 100 mm, 1/125 f8, Ektachrome E100VS

COPIAS EN PAPEL

Son fáciles de evaluar porque salen del laboratorio en un tamaño que permite verlas bien. Muchas personas prefieren revelar las películas durante el viaje, pero no ven el conjunto hasta que no llegan a casa. Por otra parte, si al volver se llevan todos los carretes a un mismo *minilab*, seguramente se podrá negociar un precio más económico si superan la veintena.

Por desgracia, la calidad de las copias de los *minilabs* varía enormemente. Si no se está contento con las copias obtenidas, vale la pena exponer el problema y pedir que saquen otras nuevas. Si se niegan o alegan que no se pueden mejorar, pídase opinión en otro laboratorio.

Templo del Gran Jaguar, Tikal, Guatemala

La misma foto, diferentes *minilabs*. Si no se está satisfecho con las copias, pídase su repetición.

◄ Compacta de 35 mm, Ektapress 100

IMÁGENES DIGITALES

Si se toman imágenes digitales con cierta seriedad, vale la pena comprar un monitor de calidad y de tamaño decente (como mínimo de 19 pulgadas), sobre todo si se quiere utilizar *software* de edición de imágenes para trabajar las fotos de forma creativa. El monitor debe colocarse de modo que la luz dispersa y los reflejos no perjudiquen el color y el brillo de la imagen. Estúdiense a fondo los manuales de instrucciones para asegurarse de que muestra el número de colores conveniente, que el ajuste de la resolución sea correcto y que el color esté bien calibrado. Al observar una imagen a toda pantalla en un monitor grande se comprobará su calidad.

SELECCIÓN DE LAS FOTOGRAFÍAS

Independientemente de a quién se enseñen las fotos (a menos que sean los que estaban presentes), hay que seleccionarlas con rigor. No es agradable oír suspiros y excusas cuando se invita a la familia y amigos a ver las fotos del último viaje, pero es lo que sucederá si se aburre a la gente con varias imágenes de lo mismo y se les cuenta un montón de anécdotas por cada una.

Todo el mundo hace fotos malas; el secreto está en no enseñarlas. Si se descartan las que tienen alguna deficiencia técnica o son poco creativas, la colección tendrá mucha más fuerza y será más interesante. Esta operación requiere un poco de disciplina. Conviene tener en cuenta el lugar que ocupará cada foto en la presentación final y pensar más en el conjunto que individualmente.

Mientras se evalúan y seleccionan las fotos es un buen momento para reflexionar y aprender. Las mejores fotos y los errores más graves saltarán a la vista. Hay que estudiarlas para ver lo que se hizo mal o bien. Búsquense patrones repetidos; por ejemplo, si las mejores fotos son las hechas con trípode o si todas las desenfocadas se hicieron con el zoom en su focal máxima. La próxima vez se podrán evitar los errores y potenciar los logros, de modo que el porcentaje de fotos aceptables aumentará. En la vida de un fotógrafo, la autocrítica es un proceso importante y que nunca termina.

DOCUMENTACIÓN Y CLASIFICACIÓN

Documentar las fotos es difícil, pero será algo más sencillo si se han tomado notas durante el viaje. Como mínimo habría que numerar las hojas de negativos o diapositivas por destinos y archivarlas por países. Hágase lo mismo con las imágenes digitales si se guardan en CD. Es fácil recordar en qué país se hizo una foto.

INDIA, Bihar, Bodhgaya 2001
Un monje enciende velas en el templo Mahabodhi, ubicado junto a un descendiente del árbol de bo (o árbol de bodhi)

Diapositiva enmarcada de 35 mm con una descripción adecuada y los datos del fotógrafo

© Richard l'Anson
Tel. +61 3 8379 8181
www.richardianson.com

ARCHIVADO

Las copias, diapositivas y negativos deberían guardarse en un sitio fresco, seco y oscuro. Los soportes digitales, como CD y DVD, también deberían guardarse en un lugar fresco, seco y protegido del sol directo. El sistema más usado para guardar negativos, diapositivas y copias en papel es el mismo estuche o sobre con el que salieron del laboratorio… y cada año proponerse ordenarlas. Pero hay métodos mejores. Los materiales fotográficos se decoloran con el tiempo, aunque lo harán menos si se guardan correctamente. Hay que evitar el calor, la humedad y los materiales como el vinilo y la madera, que pueden liberar sustancias químicas perjudiciales que reaccionen con los materiales fotográficos. Utilícense productos de calidad para archivado que estén libres de sustancias químicas y ácidos.

Negativos

Normalmente salen del laboratorio en fundas transparentes y en tiras de cuatro. Pero si se tiran muchos carretes y se desea tenerlos bien ordenados, se pueden comprar hojas (de polietileno o polipropileno) para archivar negativos. Su capacidad suele ser de siete tiras de seis negativos y pueden archivarse en carpetas de anillas o en un mueble archivador. En la parte superior cuentan con un espacio para apuntar datos importantes. Habrá que pedir al laboratorio que entreguen los negativos enteros, de esta forma se podrán cortar a la medida de las hojas.

Diapositivas

Suelen guardarse en cajitas o en hojas clasificadoras. Las primeras no se aconsejan si se piensa usarlas a menudo; exigen demasiada manipulación e impiden una visualización rápida. Lo más recomendable son las hojas de archivo para 20 o 24 diapositivas montadas, que se guardan en carpetas de anillas o en archivadores. Facilitan el visionado en una caja de luz y pueden consultarse si se colocan contra cualquier fuente luminosa. Existen muchos tipos de hojas y de calidad dispar. Conviene asegurarse de que las diapositivas se puedan meter y sacar fácilmente de las fundas pero sin que se caigan al girar la hoja al revés. También deben ser bien transparentes; algunas en el mercado apenas dejan ver cómo es la diapositiva, y menos aún su exposición y nitidez. Si se manejan muchas diapositivas, son preferibles las hojas que se llenan por arriba.

Copias en papel

Se suelen archivar en álbumes. Los más usuales son los de páginas adhesivas, los de páginas sencillas o las fundas transparentes. Las páginas adhesivas suelen ser económicas, pero con el tiempo pueden gastarse y las fotos caer; además, las fotos están en contacto con sustancias químicas perjudiciales. Los álbumes de cartulina permiten escribir debajo de las fotos, pero hay que pegarlas con adhesivo o poner cantoneras. Normalmente las fotos no se sacan del álbum, pero si hay que hacerlo, es preferible utilizar cantoneras, aunque son incómodas de usar. Si se prefiere pegar las fotos, pregúntese en la tienda de fotografía habitual qué recomiendan en lugar del pegamento corriente. En los álbumes de fundas transparentes no se pueden guardar todos los tamaños y tampoco se pueden disponer de modo creativo. Los pies de foto son importantes, no sólo para recordar dónde se ha estado, sino para que las personas que no han estado allí también puedan saberlo.

Antes de poner las fotos en el álbum, tal vez se desee seleccionar las preferidas para hacer ampliaciones. Así las mejores resaltarán y tendrán la atención que merecen. También se pueden utilizar ampliaciones como introducción a cada nuevo país o tema. Una gran ventaja de las copias en papel es la posibilidad de volver a encuadrarlas, de modo que se pueda ampliar el motivo principal o eliminar elementos superfluos de los bordes.

Imágenes digitales

La mayor parte de las cámaras digitales se venden con un *software* básico que permite archivar las imágenes en carpetas o álbumes a los que se puede poner nombre para indicar su contenido. Como mínimo habría que ordenar las imágenes digitales de este modo; equivale a apuntar el destino o país en una hoja de diapositivas. Sin embargo, a medida que la colección crece cada vez se tarda más en localizar una imagen concreta. Hay programas específicos para clasificar que permiten poner pie y palabras clave a las imágenes de modo que sean fáciles de localizar mediante una búsqueda.

A menos que se vaya ampliando el espacio en el disco duro para guardar la creciente colección de imágenes, habrá que transferir los archivos de alta resolución del ordenador a otro medio de almacenamiento, como el CD o el DVD (véase p. 81). Conviene etiquetarlos enseguida para encontrarlos fácilmente. Se aconseja también descargar las imágenes del ordenador por motivos de seguridad (véase p. 83).

IMPRESIÓN DE GRAN FORMATO

Enmarcar las fotos favoritas para colgarlas en la pared es muy gratificante. La mayor parte de los *minilabs* pueden imprimir o encargar ampliaciones de película negativa en color o soporte digital hasta el tamaño póster (50 x 76 cm). Si se trata de diapositivas o se desea una impresión de calidad a partir de un negativo o un archivo digital, habría que encargar las ampliaciones a un laboratorio profesional. Un buen laboratorio no se limitará a aceptar el encargo, sino que aconsejará qué diapositivas, negativos o archivos se reproducirán bien o no. Si se decide enmarcarlas bajo cristal, conviene que no sea mate, pues reduce la nitidez y reduce el brillo de los colores. Si se cuelga bien en la pared pueden reducirse los reflejos; además, basta con que el observador se desplace un poco a derecha o izquierda.

Las fotos no deberían estar en contacto directo con el cristal, es por ello que suele enmarcarse en un paspartú. Si no gusta como queda, pídanse otras soluciones en una buena tienda de marcos. También existen varios tipos de tableros y adhesivos para pegarlas; pregúntese por los productos de archivo. La fotografía enmarcada no debe recibir luz directa del sol.

Devil's Marbles, Australia
Cuando todo sale bien al tomar una fotografía, se podrán cubrir paredes enteras. Esta imagen es un espectacular punto de atención en la recepción de una oficina. Mide 315 x 183 cm y se hizo con película de diapositivas de 6 x 7 cm.

PASES DE DIAPOSITIVAS

La única forma de enseñar una cantidad considerable de diapositivas es proyectándolas, pero es preferible guardar las originales y proyectar un duplicado. La intensa luz de las lámparas de proyección decolora las diapositivas con el tiempo y también podrían dañarse por un mal funcionamiento del proyector. Las diapositivas deberían montarse en cristal, pues así se evita que se desenfoquen, problema bastante enojoso que sufren muchas proyecciones.

Los pases de diapositivas sirven para presentar de forma inmejorable muchas imágenes en poco tiempo. Pero es fácil que una colección de buenas fotos se convierta en un aburrido pase en lugar de ser una experiencia entretenida e informativa. Ya que se cuenta con un público atento, hay que procurar no aburrirlo. A continuación se dan algunos consejos para que pidan ver más:

‣ Ver primero el pase uno mismo para asegurarse de que las diapositivas están bien colocadas y que no se ven manchas de polvo ni pelos
‣ No dejar una diapositiva más de seis segundos en la pantalla; mejor si son cuatro. Pasando una cada cuatro segundos se verán 225 en 15 minutos
‣ No pasar fotos parecidas del mismo tema. Hay que seleccionar la mejor
‣ Ser estricto con la selección y enseñar sólo las mejores
‣ Agruparlas por destinos o temas reduce las explicaciones; de cada grupo se puede presentar la primera
‣ Seguir algún orden. El cronológico es el más normal. Pero si se han hecho salidas desde un mismo punto o se ha entrado y salido varias veces de un país, es preferible agruparlas por países
‣ El pase debe durar unos quince minutos
‣ Seleccionar una música apropiada para enmascarar el ruido del proyector, dar ambiente y evitar tener que hablar sobre cada diapositiva. Dejar que algunas imágenes hablen por sí solas
‣ Oscurecer al máximo la habitación. Demasiada luz dispersa reducirá la fuerza de las imágenes
‣ Mostrar las diapositivas a primera hora de la noche y no más tarde. Después de cenar y tomar unas copas, es fácil que la gente se quede dormida en una sala a oscuras con música

VENTA DE FOTOGRAFÍAS

Si el autor cree que sus fotos son lo bastante buenas y podrían interesar a otras personas, es factible tratar de venderlas. Se puede contactar directamente con usuarios potenciales para descubrir sus necesidades y averiguar su forma de adquirir imágenes. Antes de venderlas, conviene examinar sus productos y analizar el tipo de fotografías que emplean; así será más fácil concentrarse en las publicaciones que más puedan interesar. La mayor parte de las revistas cuentan con unas normas para la presentación de las imágenes que proporcionan a quien las solicita o están a disposición del usuario en su web. Conviene estudiarlas atentamente, pues ahorran mucho tiempo.

El mayor mercado para las fotografías de viaje engloba las editoriales de libros y revistas que compran fotos de archivo. Estas imágenes son aquellas que el fotógrafo toma por su cuenta y luego se incluyen en un archivo que está a disposición de los compradores que prefieren adquirir imágenes ya existentes a encargar unas nuevas. Existen agencias especializadas que gestionan amplias colecciones de una sola temática, como la naturaleza o los deportes, pero la mayor parte abarca todos los temas, incluido el de viajes. Las agencias presentan el trabajo de muchos fotógrafos con la intención de que siempre haya alguna imagen apropiada que satisfaga las necesidades de sus clientes.

El mercado de la fotografía de viaje es muy competitivo. Conseguir que unas fotos formen parte de un archivo puede ser difícil y tal vez las condiciones no convengan. Las agencias son empresas cuya misión es presentar el trabajo de los fotógrafos, muchos de los cuales viven de ello. Las fotografías no se juzgan sólo por sus méritos propios, sino que se comparan con las que ya están en el archivo, pues cuando lleguen a un cliente deberán competir con las mejores imágenes de otros archivos. En los temas y destinos más corrientes hay una mayor competencia. Al fotógrafo se le paga la imagen sólo cuando se utiliza.

Si un fotógrafo consigue que un archivo le represente, éste esperará recibir imágenes con regularidad. El modo de ganar dinero de esta forma es añadir continuamente fotografías a la colección y ofrecer la mayor variedad posible. Cuantas más fotos y variedad, más veces pasarán por las manos de potenciales compradores. La clave es la diversidad. Si se puede proporcionar una amplia gama de tomas de un tema concreto bajo diferentes condiciones de iluminación, aumentará la probabilidad de cumplir los requisitos del comprador.

Los fotógrafos de archivo profesionales planifican los viajes cuidadosamente. Mientras se informan sobre un destino elaboran una lista de temas que hay que fotografiar, basada en los fondos ya existentes, las peticiones que ha hecho el archivo y las que se prevén.

Si se quiere vender, hay que realizar el tipo de fotografías que la gente querrá comprar. Se puede empezar consultando los créditos en libros y revistas, donde a menudo aparece el nombre del fotógrafo y del archivo. Se trata de averiguar el tipo de imágenes que se venden y la clase de publicaciones que las compran.

Árboles del Parque Nacional Warren, Australia
Las buenas imágenes de archivo no dejan de venderse. Esta fotografía se ha autorizado muchas veces; aquí se muestra publicada en un periódico, en un folleto de líneas aéreas y en un atlas de carreteras.

Presentación a agencias de fotografía

Las agencias de fotografía tienen sus propias exigencias y directrices sobre cómo recibir las propuestas. Para determinar si las imágenes tienen la calidad y el contenido apropiados, una agencia suele solicitar una presentación inicial de unas doscientas imágenes, ya sean diapositivas originales en color o archivos digitales en CD. Al preparar la propuesta no hay que olvidar que las personas que valorarán el trabajo no están vinculadas emocionalmente a las fotos como el autor. Colaborando con Lonely Planet Images, en los últimos seis años el autor de este libro ha visto más de 300.000 diapositivas procedentes de todo el mundo. Se recomienda lo siguiente si se quiere causar la mejor impresión inicial:

- Si la agencia en que se está interesado posee web, examinarlo bien poniendo especial atención en la cobertura de los lugares y temas que se desean presentar
- Leer las directrices de presentación y seguirlas al pie de la letra
- Ser estricto al seleccionar las fotos. No enviar imágenes técnicamente pobres. Las fotos desenfocadas, sobreexpuestas o subexpuestas restarán valor al conjunto
- Rotular las diapositivas con etiquetas impresas. Colocar el pie de foto en la parte superior del marco y los datos personales en la inferior. El texto impreso da un aire profesional y es fácil de leer
- Usar hojas de diapositivas limpias y transparentes, y asegurarse de que las diapositivas salen y entran fácilmente de ellas
- No usar cinta adhesiva para pegar las diapositivas en las hojas
- Comprobar que no hay diapositivas boca abajo

CONTRATOS DE DERECHOS

Si se pretende comercializar fotografías de gente, propiedades privadas, obras de arte o marcas, hay que informarse acerca de la cesión de derechos. Los fotógrafos recurren a los contratos de cesión de derechos de imagen y de propiedad para obtener permiso de una persona o del titular de los derechos para utilizar su imagen o propiedad en una fotografía. Una vez obtenido el permiso, les será muy difícil reclamar por la vulneración de sus derechos.

En la práctica, es complicado y lleva tiempo pedir a todas las personas fotografiadas que firmen un impreso (y eso suponiendo que hablen el mismo idioma). En general, la publicación en libros, revistas y periódicos no necesita cesión de derechos, a menos que el uso de la imagen pueda considerarse difamatorio. Pero en el mundo de la publicidad, que paga las tarifas más altas para autorizar las imágenes de archivo, no suelen aceptar imágenes sin contratos firmados.

Estos modelos de contratos de cesión de derechos se pueden imprimir con el membrete propio y adaptarse a cada caso. Puesto que cada situación es diferente, tal vez el fotógrafo necesitará más información y consejo sobre lo que se requiere para un tema y uso concretos. Por ejemplo, si pretende usar imágenes destinadas a otros ámbitos más allá del editorial, puede que tenga que dar alguna compensación (aunque sea simbólica) para que la cesión de derechos sea efectiva.

CESIÓN DE DERECHOS DE IMAGEN

Al firmar este documento,
autorizo al fotógrafo (y a todas aquellas personas físicas o jurídicas a las que el fotógrafo pueda ceder derechos de explotación sobre las imágenes) a que pueda utilizar todas las fotografías o ilustraciones donde aparece mi imagen o retrato en cualquier forma o medio, y a reproducir, publicar y comunicar las imágenes a través de cualquier medio técnico conocido y para cualquier fin, sea comercial o no (incluida la publicidad). Renuncio a todo derecho a revisar o aprobar las imágenes o cualquier publicación en la que se incluyan. Libero al fotógrafo, y a sus titulares de derechos y cesionarios, de cualquier reclamación, acción, demanda, gastos y otras responsabilidades que pudieran surgir en relación con el uso de las imágenes realizado por cualquier persona. Todo ello con la única salvedad y limitación de aquellas utilizaciones o aplicaciones que pudieran atentar al derecho a mi honor, a mi intimidad o a mi propia imagen. Mi autorización fija un límite de tiempo de 15 años para su concesión y para la explotación de las fotografías, o parte de las mismas, en las que aparezco. Recibo .... como pago por la sesión fotográfica descrita más abajo en fotografías o ilustraciones ...., de mis derechos de imagen sobre las fotografías tomadas, aceptando estar conforme con el citado acuerdo.
Confirmo que soy mayor de 18 años o que mi padre o tutor está de acuerdo en estas condiciones firmando en el espacio inferior.

Entiendo y estoy de acuerdo con lo anterior.

Firma: Firma del Padre / Tutor:

Nombre: Nombre:

Dirección/correo electrónico/teléfono:

                                               Fecha:

Descripción de la imagen:

- -

CESIÓN DE DERECHOS SOBRE LA PROPIEDAD

Al firmar este documento,
autorizo al fotógrafo (y a todas aquellas personas físicas o jurídicas a las que el fotógrafo pueda ceder derechos de explotación sobre las imágenes) a que incluya una imagen o retrato de la propiedad descrita más abajo en fotografías o ilustraciones en cualquier forma o medio, y a reproducir, publicar y comunicar las imágenes a través de cualquier medio técnico conocido y para cualquier fin, sea comercial o no (incluida la publicidad). Renuncio a todo derecho a revisar o aprobar las imágenes o cualquier publicación en la que se incluyan. Libero al fotógrafo, y a sus titulares de derechos y cesionarios, de cualquier reclamación, acción, demanda, gastos y otras responsabilidades que pudieran surgir en relación con el uso de las imágenes realizado por cualquier persona. Todo ello con la única salvedad y limitación de aquellas utilizaciones o aplicaciones que pudieran atentar al derecho a mi honor, a mi intimidad o a mi propia imagen. Mi autorización fija un límite de tiempo de 15 años para su concesión y para la explotación de las fotografías, o parte de las mismas, en las que aparece dicha propiedad. Recibo .... como pago por la sesión fotográfica realizada durante el día ...., y la cesión de mis derechos de imagen sobre las fotografías tomadas, aceptando estar conforme con el citado acuerdo.

Entiendo y estoy de acuerdo con lo anterior.

Firma: Nombre:

Dirección/correo electrónico/teléfono:

                                               Fecha:

Descripción de la propiedad:

Dirección de la propiedad:

Descripción de la imagen:

GLOSARIO

A

ángulo visual – área de la imagen que abarca el objetivo; se mide en grados y depende de la distancia focal; cuanto menor sea ésta, mayor será el ángulo

apertura – orificio del objetivo que permite el paso de la luz al cuerpo de la cámara; de tamaño variable, se expresa por medio de los números f

B

balance de blancos – función de la cámara digital que ajusta el color para que el blanco se registre como blanco en todas las condiciones de luz

bloqueo de la exposición automática – botón que bloquea y retiene la exposición medida sobre el sujeto mientras se rectifica la composición

bloqueo del enfoque automático – botón que bloquea y retiene el enfoque del sujeto mientras se rectifica la composición

C

C-41 – nombre del procesado químico para revelar películas negativas de color

cantidad de píxeles – número total de píxeles de un sensor

codificación DX – sistema que lee automáticamente la sensibilidad ISO por una combinación de recuadros negros y plateados impresa en el chasis de la película

compresión – proceso matemático que elimina parte de los datos con el fin de reducir el tamaño del archivo de la imagen digital

compresión con pérdidas – procedimiento para comprimir los archivos de imagen, eliminando cada vez más datos cuanto mayor sea la compresión

compresión sin pérdidas – compresión que reduce el tamaño del archivo digital sin perjudicar la calidad de la imagen

contraste – diferencia entre las zonas más claras y más oscuras de una imagen

control de la perspectiva – permite controlar el ángulo del plano de enfoque gracias a unas lentes especiales que se inclinan y desplazan para evitar la distorsión de la perspectiva

D

dial de compensación de la exposición – permite sobreexponer o subexponer la película desde un tercio de diafragma hasta cinco diafragmas cuando se usa la exposición automática

disco compacto (CD) – medio de almacenamiento con una capacidad de hasta 650 MB; puede ser de sólo lectura (CR-ROM), grabable (CD-R) o regrabable (CD-RW)

disco versátil digital (DVD) – medio de almacenamiento con capacidad de hasta 17 GB

disparador remoto – accesorio para disparar sin tocar la cámara, con lo que se evita el movimiento de ésta

dispositivo de carga acoplada (CCD) – tipo de sensor usado en las cámaras digitales para convertir la luz en datos

distancia focal – distancia del centro del objetivo al plano de enfoque cuando está enfocado al infinito

E

E-6 – nombre del procesado químico para revelar diapositivas (excepto Kodachrome)

editor de imágenes – programa informático que sirve para manipular las imágenes

emulsión – material sensible a la luz

enfoque automático – sistema que permite enfocar automáticamente (también llamado AF)

enfoque automático continuo – sistema avanzado de enfoque que sigue continuamente el movimiento del sujeto (también llamado de seguimiento o predictivo)

equivalente ISO – sensibilidad lumínica de los sensores de la cámara digital; toma como referencia la sensibilidad de las películas

EXIF (archivo de imagen intercambiable) – formato de archivo que incorpora los datos de la imagen

exposición programada – ajuste de la exposición en el que la abertura y la velocidad se determinan automáticamente

F

factor de conversión de la distancia focal – número por el que se multiplica la distancia focal de un objetivo para conocer la distancia focal cuando se usa con una cámara digital; se determina por el tamaño del sensor en relación con una película de 35 mm

filtro – accesorio óptico que se acopla delante del objetivo para modificar la luz que llega a la película

firewire (IEEE 1394) – conector o puerto para la transmisión de datos a gran velocidad entre periféricos, como cámaras digitales

flash automático – flash conectado al sistema de medición de la cámara para controlar la potencia del destello y dar una exposición correcta

flash de relleno – técnica usada para añadir luz a las zonas en sombra

flash indirecto – técnica de reflejar la luz del flash en el techo u otra superficie reflectante para difuminar y suavizar la luz

formato de archivo – permite archivar las imágenes digitales de modo que puedan recuperarse y procesarse mediante un editor de imágenes

formato de tarjeta de memoria – tipo de tarjeta de memoria

forzado de la película – subexposición intencionada de diapositivas en color o película en blanco y negro; se realiza mediante un ajuste de la sensibilidad ISO superior a la real

fotodiodo – célula fotosensible situada en la superficie del sensor que convierte la luz en datos numéricos

G

gigabyte (GB) – 1.024 megabytes (MB) de datos digitales

grano – cristales de los haluros de plata de la emulsión de la película visibles en una imagen; a mayor sensibilidad, mayor grosor del grano

H

hacer horquilla – técnica para conseguir la mejor exposición disparando varios fotogramas con diferente exposición

histograma – representación gráfica de la distribución de los píxeles en una imagen digital

I

iluminación de tungsteno – fuente de luz artificial

iluminación incandescente – fuente de luz artificial

interferencia o ruido – píxeles defectuosos o bloqueados en el archivo de imagen digital que se generan durante la conversión de los datos en píxeles

interpolación – creación de nuevos píxeles para rellenar los vacíos de datos entre los píxeles iniciales; se usa en imágenes ampliadas

ISO – abreviatura de la International Standards Organisation, que fija los estándares de sensibilidad para las películas

J

JPEG (Joint Photographic Experts Group) – formato de archivo y método de compresión que ocasiona cierta pérdida de datos

L

lector de tarjetas – dispositivo que acepta tarjetas de memoria para transferir imágenes a un ordenador por un puerto USB

lente de corrección de dioptrías – accesorio óptico montado en el visor para permitir al fotógrafo que usa gafas componer y enfocar sin ellas

lentes de conversión – accesorios que se fijan o enroscan delante del objetivo de una cámara digital compacta para modificar el ángulo visual

luces – partes más claras del sujeto

M

medición matricial – mide la luz de varias zonas del encuadre y da una lectura basada en las partes que considera más importantes (también llamada multizonal, integral, evaluativa o con patrón múltiple)

medición ponderada al centro – lee la luz reflejada de todo el encuadre y proporciona una lectura de exposición promedio con predominio de la zona central

medición puntual – lectura de la luz medida en una zona muy pequeña de la imagen

megabyte (MB) – 1.024 kilobytes (KB) de datos

megapíxel (MP) – un millón de píxeles

memoria de acceso aleatorio (RAM) – memoria digital que conserva los datos mientras se mantiene funcionando

metadatos – información sobre la imagen adjunta a un archivo digital

N

número guía (GN) – indica la potencia de un flash con una película de 100 ISO

números f – números que indican la abertura del objetivo

O

objetivo corto – objetivo gran angular

objetivo gran angular – objetivo con una distancia focal menor que la estándar de 50 mm

objetivo luminoso – objetivo con una abertura máxima muy grande

objetivo macro – objetivo para conseguir una imagen del sujeto a tamaño natural

objetivo zoom – objetivo de distancia focal variable

obturador – mecanismo incorporado al objetivo o a la cámara que controla el tiempo durante el que la luz incide en la película

P

pantalla de cristal líquido (LCD) – pantalla incorporada al cuerpo de una cámara digital para revisar las imágenes y acceder a los menús de control y ajuste de la cámara; puede usarse en lugar del visor

película rápida o sensible – película muy sensible a la luz

Photoshop – *software* de edición de imágenes profesional desarrollado por Adobe

PictBridge – tecnología que permite conectar aparatos de fabricantes distintos

píxel – bit de información mínimo que se agrupa con otros para formar una imagen digital

píxeles efectivos – píxeles de un sensor usados para generar una imagen

plano focal – superficie plana sobre la cual se forma una imagen nítida del sujeto; por el plano focal pasa la película

previsualización de la profundidad de campo – dispositivo que permite cerrar manualmente el diafragma para comprobar visualmente la profundidad de campo

profundidad de campo – área de una fotografía que se considera aceptablemente nítida

puerto para cámara – accesorio para la cámara digital que transfiere las imágenes a un ordenador y recarga la batería

R

ranura de tarjeta – ranura de una cámara digital donde se introduce la tarjeta de memoria

RAW – formato de archivo no procesado por el *software* de la cámara

resolución – grado en que la información capturada digitalmente muestra el detalle, la nitidez y la fidelidad del color

revelado forzado – aumento del tiempo de revelado para compensar la subexposición cuando una película está forzada

S

semiconductor de óxido de metal complementario (CMOS) – tipo de sensor usado en las cámaras digitales para convertir la luz en datos

sensibilidad ISO – sensibilidad lumínica de la película; a mayor ISO, mayor sensibilidad

sensor – chip semiconductor compuesto de fotodiodos que convierten la luz en datos numéricos para que puedan ser procesados, almacenados y recuperados mediante un lenguaje informático

sensor de fotograma completo – sensor de cámara digital con el mismo tamaño que un fotograma de una película de 35 mm (24 mm x 36 mm)

SLR (Single Lens Reflex) – cámara diseñada para permitir el intercambio de los objetivos y ver los sujetos a través de ellos

T

tarjeta de memoria – medio de almacenamiento extraíble y reutilizable usado en las cámaras digitales

teleconvertidor – accesorio óptico que se interpone entre la cámara y el objetivo para aumentar la distancia focal

telémetro – sistema de enfoque que mide la distancia de la cámara al sujeto desde dos posiciones

teleobjetivo – objetivo con una distancia focal mayor que la estándar de 50 mm

TIFF (Tagged Image File Format) – formato de archivo usado para almacenar imágenes destinadas a publicaciones impresas

TTL – sistema de medición de la luz a través del objetivo con unas células fotosensibles de la cámara

U

USB (universal serial bus) – conector o puerto para conectar a un ordenador dispositivos periféricos

V

velocidad de obturación – espacio de tiempo que el obturador permanece abierto

velocidad de sincronización – la velocidad de obturación más rápida para sincronizar el destello del flash con el tiempo de abertura

visor – sistema óptico de la cámara que permite ver al sujeto

visor electrónico – característica avanzada de la cámara digital compacta que muestra lo que ve el objetivo

Z

zapata del flash – parte del cuerpo de la cámara donde se monta un flash auxiliar

zoom digital – característica de la cámara digital por la que se amplía informáticamente una parte de la imagen creando y añadiendo píxeles mediante interpolación

zoom óptico – objetivo de distancia focal variable; el efecto de zoom se consigue desplazando el objetivo hacia dentro y hacia fuera del cuerpo de la cámara

LECTURAS RECOMENDADAS

Alamany, Oriol. *Fotografiar la naturaleza.* Planeta, 1998.

Alamany, Oriol. *Viajar con tu cámara.* Península, 2001.

Ang, Tom. *Manual de fotografía digital.* Omega, 2003.

Benvie, Niall. *Fotografía de la naturaleza.* Cúpula, 2002.

Burian, Peter K, y Robert Caputo. *Guía de fotografía: secretos para hacer grandes fotos.* National Geographic, 2003.

Busselle, Michael. *Tus mejores fotografías de paisajes.* Index Book, 1998.

Busselle, Michael. *Tus mejores fotografías de vacaciones.* Index Book, 2000.

Busselle, Michael. *Tus mejores fotografías de viaje.* Index Book, 1998.

Calder, Julian, y John Garrett. *35mm, el manual de fotografía.* Naturart, 2000.

Daly, Tim. *Enciclopedia de fotografía digital: guía completa de imagen y arte digital.* Blume, 2004.

Davies, Adrian. *Guía básica de fotografía digital.* Omega, 2003.

Evening, Martin. *Photoshop CS para fotógrafos.* Anaya, 2004.

Galer, Mark, y Les Horvat. *Tratamiento digital de imágenes.* Anaya, 2003.

Hanny, John, y McEwans, Duncan. *Manual práctico de la fotografía de paisaje.* Omnicon, 1992.

Hedgecoe, John. *Cómo hacer buenas fotografías.* Naturart, 2003.

Hedgecoe, John. *Nuevo manual de fotografía.* Naturart, 2003.

Hicks, Roger, y Frances Schultz. *La exposición perfecta, de la teoría a la práctica.* Omega, 2000.

Hilton, Jonathan. *La fotografía de la gente en su entorno.* Omega, 2000.

Krist, Bob. *Spirit of Place: The Art of the Traveling Photographer.* Amphoto Books, 2000.

Langford, Michael. *Fotografía básica.* Omega, 2003.

McCartney, Susan. *Travel Photography: A Complete Guide to How to Shoot and Sell.* 2ª ed., Allworth Press, 1999.

Meehan, Less. *Fotografía digital: manual básico.* Naturart, 2004.

Rosés, Francesc. *Retratar el mundo.* Omega, 2003.

Rowell, Galen. *Luces de montaña.* Desnivel, 1995

Sánchez Peral, José María, y López Tizón, José Luis. *Fotografía digital.* Anaya, 2003.

Sheppard, Rob. *Guía de fotografía digital.* National Geographic, 2003.

Soriano, Tino. *Fotografía de viajes.* Juventud, 2001.

Story, Derrick. *Fotografía digital: los mejores trucos.* Anaya, 2005.

WEBS DE INTERÉS

EQUIPO, PELÍCULAS Y 'SOFTWARE'

AgfaPhoto	www.agfaphoto.com
Canon	www.canon.es
Epson	www.epson.es
Fuji	www.fujifilm.es
Hewlet Packard	www.hp.es
Kodak	www.kodak.es
Minolta y Konica	www.konicaminolta.es
Nikon	www.nikon.com
Olympus	www.olympus.es
Pentax	www.pentax.es
Sigma	www.sigmaphoto.com
Software de Adobe	www.adobe.es
Software de recuperación de datos	www.datarescue.com
Sony	www.sony.com

FOTOGRAFÍA: REVISTAS Y RECURSOS

Digital Image Submission Criteria	www.disc-info.org
Cursos de fotografía	www.aulafoto.com
	www.efti.es
Fotografía digital	www.dpreview.com
	www.dzoom.org
	www.fotocinecolor.com
	www.letsgodigital.org
	www.nuevafotografia.com
	www.zonezero.com
Intercambio de fotografías	www.sinrollos.com
Librería de fotografía	www.kowasa.com
Revistas de fotografía y de viajes	www.fotocultura.com
Photography Courses	www.fotoforum.net
	www.fotonatura.org
	www.omnicon.es
	www.outdoorphotographer.com
	www.superfoto.net

VIAJE

Guía de *cibercafés*	www.cibercafe.com
Información meteorológica	meteorologia.deeuropa.net
Lonely Planet	www.lonelyplanet.es
Salud	www.msc.es/Diseno/informacionProfesional/
	profesional_sanidad_exterior.htm

ÍNDICE

la **negrita** indica los pies de foto

A

aérea, fotografía 237-239
agencias de fotografía 248-250
animales, *véase* vida salvaje, fotografiar
la apertura 89, 94, 95
APS, cámaras 19, 21
archivado 245-247
  copias en papel 246
  diapositivas 246
  imágenes digitales 64, 83-5, 246-7
  negativos 246
arco iris, fotografiar 176
aves, fotografiar 234

B

balance de blancos 72
barrido 222
baterías
  frío extremo 136
  para cámaras convencionales 40
  para cámaras digitales 71
blanco y negro, copias en 44
bolsas 39, 52

C

calor, *véase* tiempo
cámara
  baterías 40, 71
  bolsas 39, 52
  cuidado 40, 126, 133-138
  filtros 28-31, 174, 176
  flashes 34-35
  formatos 19-21
  fotómetros 34, 89-90
  mochilas 39, 52
  motores 34

  objetivos 24-27, 106-107
  trípodes 32-33
cámaras
  35 mm 19, **21**
  APS 19, **21**
  compactas 22-23, 98-99
  comprar 36, 75-79
  convencionales 19-21
  digitales 55-85
  digitales réflex DSLR 78-79
  panorámicas 19, **21**
  réflex SLR 23
  telemétricas 23
compactas, cámaras 22-23, 98-99
composición 101-107
  encuadre 102
  regla de los tercios 101
  retratos 143, 146-149
comprar
  cámaras convencionales 36-37
  cámaras digitales 75-79
  memoria, tarjetas de 66
contraste 72-74
contrato de cesión de derechos de
    imagen 250
contratos de derechos 250
copias en papel 43-44, 244
  archivado 246
  gran formato 247
cuidado 40, 126, 133-138

D

datos de la imagen 70
diapositivas 44-46, 92-93, 243
  archivado 246
digital, toma
  almacenamiento 64, 83-85, 246-247
  formatos de archivo 62-64
  histogramas 69-70
  impresión 84-85
  objetivos 80-81
  ordenadores 57, 82-83

pantalla de cristal líquido LCD 68-76
píxeles 58-61, 63
ráfaga, modalidad de 70
resolución 58-61
sensores 58-61
vídeo, modalidad de 70
digitales, cámaras 55-85
baterías 71
compactas 76-78
comprar 75-79
digitales réflex DSLR 78-79
objetivos 80-81
disparador remoto 40
documentación 245

E

encuadre 102
enfoque 105
estabilizador de imagen 25, 24
exposición 89-99
fotómetros 34, 89-90
modos 91

F

festivales, fotografiar 199-204
filtros 28-31, 174, 176
flash 114-116
externo 115
indirecto 115
modos 99
ojos rojos, reducción de 115
relleno, técnica de 115-116
sincronización 114
tipos 34-35
flores, fotografiar 178
focal, distancia 24
teleconvertidores 27-28
forzados 50-51
fotómetros 34, 89-90
medición puntual 90, 92, **91**
formatos de archivo digital 62-64
fuegos artificiales, fotografiar 224-225

H

histogramas 69-70
historia de la fotografía de viaje 13-15
horquilla, hacer 97

I

iluminación, fotografiar la 224
impresión de imágenes digitales 84-85

L

limpieza 126
agua salada 136
arena 138
equipo de limpieza 40
lluvia, *véase* tiempo
lupas 243
luz 109-118, **125**
dirección 112, 147
directa 111, 115
incandescente 118, 192
indirecta 111
medición 89-90
natural 110-12
nocturna, fotografía 196
resplandor 216
salida y puesta de sol 215-217,
159, 160, 216
siluetas 217

M

macro, objetivos 27, 178
memoria, tarjetas de 64-67
mercados, fotografiar 207-212
mochilas 39, 52
motores 34
movida, imagen 223

N

nocturna, fotografía 196
números f 89
números guía 34

O

objetivos 24-27, 106-107
  cámaras digitales 80-81
  estándar 25
  filtros 28-31
  gran angular 25, 106-107
  macro 27, 178
  parasoles 40
  super teleobjetivo 26, 234
  teleconvertidor 27-28
  teleobjetivo 25, 106
  ultra gran angular 25
  visores 40
  zoom 26-27, 80
ojos rojos, reducción de 116

P

paisajes, fotografiar 159-180
paisajes nevados,
  fotografiar 162
paisajes urbanos,
  fotografiar 183-196
panorámicas, cámaras 19, 21
pantalla de cristal líquido LCD 68-76
pases de diapositivas 248
película 43-53
  blanco y negro 44
  cantidad 53, 129
  diapositivas 44-46, 92-93, 243
  extracción a medio carrete 51
  forzados 50-51
  negativos 43-44, 92-93
  rayos X 52, 139
  revelado 139
  sensibilidad 47-48
personas, fotografiar 143-156
  actuaciones 204
  mercados 207
  permisos 144, 190, 250
  retratos 146-149
píxeles 58-61, 63
profundidad de campo 95, 107

R

ráfaga, modalidad de 70
rayos X 52, 139
reflejos, fotografiar 174
réflex SLR, cámaras 23
  digitales 78-79
  objetivos 24-27
regla de los tercios 101
resplandor 216
retratos 143, 146-149
revelado 139

S

salida y puesta de sol,
  fotografiar la 215-217,
  159, 160, 216
saturación 72
seguro 127
sensibilidad ISO 47-48
sensores de imagen 93
siluetas 217
sincronización 115
software 82
submarina, fotografía 170

T

telemétricas, cámaras 23
tiempo 134-138
  calor extremo 137
  frío extremo 136-137
  lluvia 134
  nieve 162
  polvo 138
transporte, equipo para el 39, 52
trípodes 32-33

V

velocidad de obturación 89, 94, 172
  barrido 222
  imagen movida 96
  flash 115
  temas en movimiento 219-225

vibración de la cámara 96
vida salvaje, fotografiar la 227-234
vídeo, modalidad de 70
visores 40

Z

zoom
  digital 80
  objetivos 26-27, 80

NOTAS

LONELY PLANET / GEOPLANETA

GUÍAS EN ESPAÑOL

Las **guías Lonely Planet** publicadas por GeoPlaneta constituyen la compañía imprescindible para el viajero independiente que quiere descubrir otros lugares con una mirada desprovista de limitaciones y prejuicios. Para lograrlo, un equipo de escritores, cartógrafos, traductores, editores y adaptadores ha trabajado conjuntamente. Por primera vez el lector podrá elegir entre un amplio catálogo en español.

Estos libros permiten al viajero, además de conocer a fondo cualquier parte del mundo, acercarse a sus gentes y costumbres desde el respeto por la diferencia.

Las guías Lonely Planet, traducidas y adaptadas por GeoPlaneta, son claras, minuciosas y están actualizadas. Asimismo, dedican una especial atención a los datos prácticos: llegar y moverse en cualquier medio de transporte, alojarse, comer, divertirse… La cartografía, exhaustiva, permite desplazarse con conocimiento de causa.

TÍTULOS

El destino natural de las guías Lonely Planet publicadas por GeoPlaneta es el mundo. Poco a poco irán apareciendo todos y cada uno de los lugares por los que se sienten atraídos los viajeros españoles y latinoamericanos.

Títulos publicados: Alemania • Amsterdam • Austria • Barcelona • Berlín • Brasil • Budapest • Buenos Aires • Chile y la isla de Pascua • China • Córcega • Costa Rica • Cuba • Ecuador y las islas Galápagos • Egipto • Escocia • Europa meridional • Europa septentrional • Francia • Fotografía de viaje • Grecia • Guatemala • Guatemala, Belice y Yucatán • India • Inglaterra • Italia • Jordania • Kenia • Londres • Madrid • Marruecos • México • Nueva York • Países Escandinavos • París • Perú • Portugal • Praga • Rajastán • Senderismo en España • Siria y Líbano • Tailandia • Tanzania • Trekking en los Alpes • Turquía • Vietnam • Yucatán

En la colección *Lo mejor de*: Atenas • Dublín • Londres • Praga • Roma

En la colección *Viajes y aventura*: One Planet

www.lonelyplanet.es